Manyèl Pedagojik pou Konba Espirityèl:
Yon Gid Pratik pou Viktwa nan Kris la

Dr. Rosemica D. Bonhomme

Dedikas

Mwen dedye liv egzèsis sa a ak Bondye mwen an ki gen tout pouvwa a, ak Jezikri Sovè e Senyè mwen an ki pa janm lage m. Mwen dedye l tou a bèl fanmi extraòdinè mwen an. Mwen profite travay sa pou m onorel, an patikilye, memwa papa mwen renmen anpil la, Isaac Damier, ki te travay san pran souf pou ban mwen menm ak frè m epi sè m yo yon bon lavi miyò Ozetazini. Mwen remèsye manman m pou lanmou san kondisyon li ak konsèy presye li yo, ke sèlman yon manman ka bay.

Anplis de sa, mwen vle dedye travay sa a bay fanmi espirityèl ke mwen genyen nan Kris la, ki vrèman espesyal pou mwen - ki pa ka ranplase -, ansanm ak tout kwayan ki vle rete fèm nan Kris la, pou simonte atak lènmi an, epi pou mache chak jou nan viktwa ke Kris ba yo. Se pou resous sa yo ranfòse w, ekipe w ak tout zam Bondye yo, epi abiye w ak pouvwa Lespri Sen an pou w kapab viv avèk konfyans. Tout glwa pou BonDye pou tout tan e pou letènite. Amèn!

Tab matyè

Prefas

Youn nan pi gran bezwen legliz la jodi a, se ta wè necesite pou retounen nan pawòl BonDye a kòm fondman lavi kretyen an. Nou ap viv nan yon tan kote konba ki vizib ak sayo ki envizib afekte kay nou, travay nou, gouvènman nou yo, e menm legliz nou yo. Nan chak jenerasyon, BonDye toujou leve moun pou li, non sèlman pou pale, men pou ekipe, avèti, epi ranfòse pèp li a. Se nan kontèks sa menm, ke liv sa pwan nesans, li se yon repons pou anpil kwayan ak moun k ap chèche toupatou nan mond lan, k ap chèche konpwann, fòs, ak viktwa nan mitan konba ki kanpe anfas yo chak jou yo.

Liv **_" Manyèl Pedagojik pou Konba Espirityèl : Yon Gid Pratik pou Viktwa nan Kris la"_** se pa yon liv ki fèt pa kiryozite, teyori, oswa anvi pouf è moun wè ; men li se pito fwi lapriyè, disènman espirityèl, ak obeyisans anvè yon misyon ke BonDye bay. Li dekri byen reyalite konba ki nan mond espirityèl la - yon bagay anpil kwayan fè fas avèk li chak jou, men souvan yo manke ansèyman, konpreyansyon, oswa zouti pou yo konfwonte li.

Pawòl BonDye a anseye byen klè, ke lit nou ap fè fas la, li pap fèt avèk moun parèy nou, men se pito kont yon kolonn chèf, pouvwa, otorite ; yon bann move lespri envizib ki nan syèl la, k ap dirije mond fènwa espirityèl la. Epoutan, kwayan nou yo, eseye pafwa mennen batay espirityèl ak metòd natirèl—sa ki konn koz fristrasyon pafwa, fatig, ak defèt ki pa nesesè. Liv egzèsis sa a, abòde avèk disèneman sijè sa, avèk lide pou byen oryante kwayan nou yo, pou yo ka byen konpwann verite mond espirityèl la ; sa ap pèmèt yo sezi viktwa yo ki deja asire nan Kris la, epi ede yo konprann, aplike, epi ranfòse fwa yo.

Sa ki fè liv egzèsis sa a espesyal, se paske li byen ekilibre. Li byen anrasinen nan Lekriti Sent yo, men li pratik nan aplikasyon li. Li pa ni fè grandizè lènmi an ni inyore li; okontrè, li fè grandizè Kris la—otorite li, travay li te fini sou kwa a, ak pozisyon lejitim kwayan an nan li. Atravè ansèyman, refleksyon, lapriyè, ak aplikasyon, lektè yo ap jwenn bon gid kap ede yo rekonèt atak espirityèl yo, rete fèm nan lafwa, epi angaje yo nan konba espirityèl la avèk mantalite de viktwa olye de laperèz.

Mwen temwen de kalandriye espirityèl jounen Dr Rosemica yo – devouman li pou lapriyè, lanmou li pou Pawòl BonDye a, ak amou sensè li pou pèp Bondye a. Travay sa a reflete non sèlman yon doktrin solid, men tou yon kè ki anvi wè kwayan yo geri, retabli, ak ranfòse pou viv nan viktwa Kris la bay la. Li ekri liv sa avèk sajès BonDye bay pou pran swen pèp li, matirite espirityèl, ak yon sansiblite pwofon sou dikte Sentespri a.

Mwen kwè liv sa a pral yon benediksyon pou moun, fanmi, gwoup lapriyè, ak legliz yo. Li pral ranfòse maryaj yo, ouvri zye espirityèl, reviv lavi lapriyè, epi raple kwayan yo ke yo pa san pouvwa, men yo gen laviktwa konplè nan Kris la.

Pandan w ap etidye liv egzèsis sa a, mwen ankouraje w pou w apwoche l avèk yon atitid de priyè. Kite Sentespri a revele verite a, pote konviksyon kote sa nesesè, epi bay fòs pou avanse nan wout ki devan w lan. Liv egzèsis sa a se pa sèlman yon liv pou li, men li osi yon gid pwisan pou lavi chak jou yo.

Ke Bondye sèvi ak liv sa pou reveye konsyans espirityèl ou, kraze gwo fòs ke wap fè fas yo, epi leve kwayan kap kapab kanpe fèm nan lafwa, kap kapab mache avèk konfyans, avèk otorite, epi kap kapab viv nèt ale nan viktwa ki kache nan Kris la.

Farile Erase,
Pastè, fomatè de legliz, konseye fanmi epi enstriktè maryaj

Manyèl Pedagojik pou Konba Espirityèl:

Yon Gid Pratik pou Viktwa nan Kris la

Entwodiksyon

"Pou fini, chache fòs nou nan lavi n'ap mennen ansanm ak Seyè a ak nan gwo pouvwa li." (Efèz 6:10).

Konba espirityèl la pa yon fo kwayans, ni yon langaj senbolik, oubyen yon ide ki rezève pou kèk kwayan sèlman. Li se yon reyalite nan lavi chak disip Jezikri chak jou. Kit nou rekonèt li, kit nou pa rekonèt li, gen yon lènmi reyèl k ap chèche detwi lavi, divize fanmi, febli fwa moun, epi anpeche objektif Bondye yo reyalize nan lavi moun.

Liv Egzèsis sa a fèt ak pasyon nan objektif pou **ekipe Kò Kris la** ak verite, zouti, ak konfyans li bezwen pou l rete fèm kont tout fòm de konba espirityèl. Twòp kwayan pèdi tou senpleman paske yo pa okouran de batay y ap mennen an—oswa yo pa byen ekipe pou fè fas ak li.

Ki sa konba espirityèl la ye?

Konba espirityèl la gen pou wè ak **batay envizib** ant Wayòm BonDye a ak fòs fènwa yo. Li kòmanse nan mond espirityèl la pou li rive manifeste nan mond visib la : nan lavi nou, nan relasyon nou, nan emosyon nou, nan desizyon nou yo, nan ministè nou yo etc.

Bon nouvèl la se sa a: **Jezi deja ranpòte laviktwa a**. Antanke kwayan, nou pap goumen pou viktwa— se sou baz viktwa Kris la nap goumen pou chofe dife viktwa la. Se pou rezon sa, nou dwe toujou pran zam espirityèl BonDye bay yo, kondwi tèt nou ak disènman, epi rete anrasinen nan Pawòl Li a.

Poukisa Manyèl Pedagojik sa a?

Liv egzèsis sa a se yon **gid biblik, pratik, epi pèsonèl** ki fèt pou:

- ede ou konprann **idantite ou ak otorite ou nan Kris la**,

- moutre ou kijan pou byen **mete tout zam Bondye yo sou ou,**

- ekipe ou pou w kapab **reziste kont dyab la epi mache nan libète ke Kris ba w la,**

- ofri **devosyon chak jou, priyè, ak zouti diskisyon pou gwoup de travay,**

- kondwi ou nan yon eksperyans de **delivrans, entèseksyon, ak viktwa ki pi pwofon.**

Kit ou se yon nouvo kwayan oswa yon lidè ki gen eksperyans, liv egzèsis sa a se pou ou. Li fèt pou ede w etidye poukont ou, anseye an ti gwoup, oswa pataje nan ministè lapriyè.

Kijan pou itilize liv egzèsis sa ?

- **Endividyèlman:** Travay sou chak chapit avèk Bib ou louvri, pran nòt, reflechi epi mete yo an aplikasyon.

- **Avèk yon Gwoup:** Sèvi ak nòt ansèyman yo ak gid diskisyon yo pou fasilite etid ak lapriyè nan gwoup la.

- **Tankou yon Lidè:** Adapte chapit yo pou mesaj predikasyon, klas, oswa fòmasyon ministè delivrans.

- *"Nou pa sèvi ak zam lèzòm fè. Puisans zam nou yo soti nan Bondye, epi y ap detwi tout kote lènmi an genyen pou fè l kwè li an sekirite."* (2 Korentyen 10:4).

Ann kòmanse!

Chapit 1:
Reyalite mond Espirityèl la

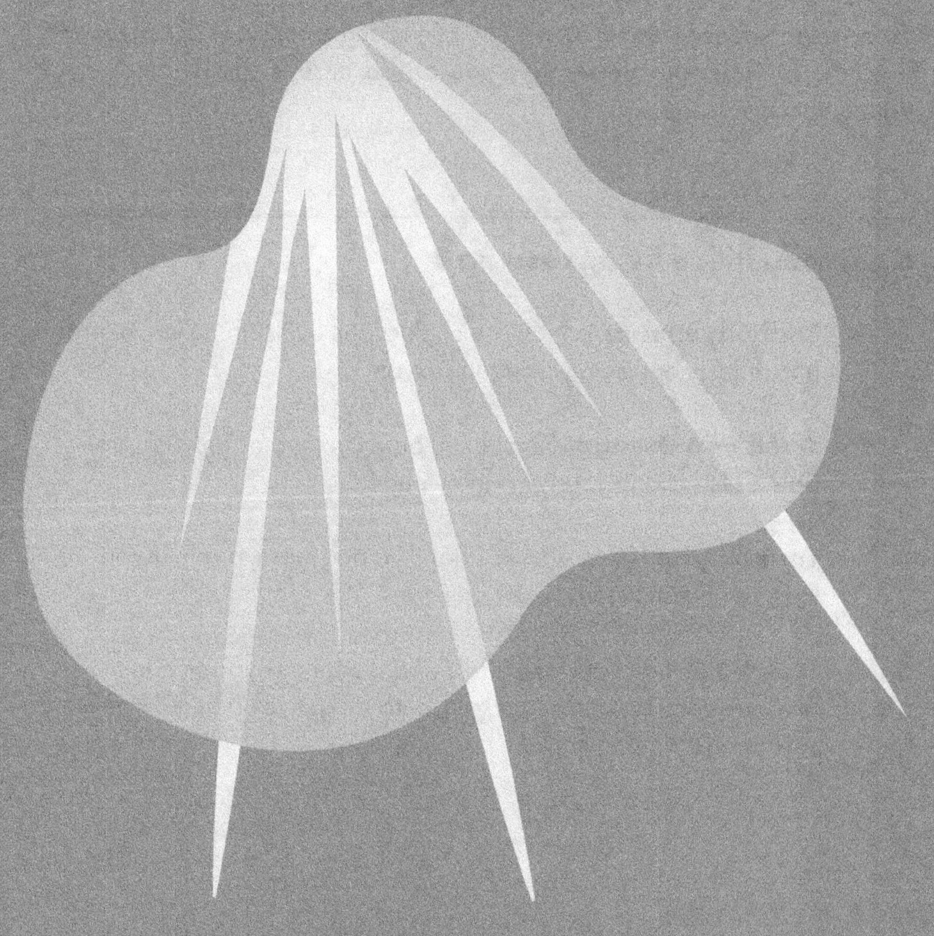

Vèsè kle yo

- *Efezyen 6:12 " Paske nou nan yon batay, epi se pa avèk moun parèy nou n ap goumen. Men, n ap goumen kont yon kolonn chèf, pouvwa, ak otorite k ap gouvène lemonn ki limenm nan fènwa. N ap goumen kont yon bann move lespri envizib ki nan syèl yo.*

- *2 Wa 6:17 "Elize lapriyè Seyè a, li di: --Seyè, tanpri louvri je l' pou l' wè! Seyè a louvri je domestik la. Domestik la wè tout mòn lan te kouvri ak flanm dife an fòm kavalye ak cha lagè bò kote Elize.*

Apèsi sou sijè a

Domèn espirityèl la pi reyèl pase sa nou wè ak je natirèl nou yo. Nan tout Bib la, domèn espirityèl la revele nan moman rankont diven ak vizyon pwofetik. Li se yon domèn ki egziste ansanm ak mond natirèl la, li chaje ak zanj ladanl, demon, ak pouvwa Bondye a. Konprann enpòtans li fondamantal pou konba espirityèl.

Egzanp sou domèn espirityèl la nan Bib la

1. Kreyasyon an ak tonbe Satan

- **Ezayi 14:12–15** ak **Ezekyèl 28:12–19** dekri tonbe Lisifè ki soti nan syèl la. Yon fwa, yon zanj gloriye, rive rebele kont BonDye, sa te koz li vi n ekskli nan syèl la, kote li jete anba ansanm ak yon tyè nan zanj yo.

2. Vizit ak pwoteksyon zanj

- **Jenèz 28:12**—Jakòb wè nan rèv li yon nechèl ki asosye tè a ak syèl la, kote zanj ap fè monte desann ladanl.

- **Sòm 91:11**—*"Paske l ap bay zanj li yo lòd pou yo pwoteje w nan tout chemen w."*

- **Danyèl 6:22**—Yon zanj fèmen bouch lyon yo nan twou a.

3. Konba ak vizyon espirityèl

- **Danyèl 10:12-13**— Repons priyè Danyèl yo te retade akòz konba kite genyen ant fòs zanj yo ak fòs demonyak yo.

- **Revelasyon 12:7-9**—Michèl ak zanj li yo goumen kont dragon an (Satan) ak zanj li yo.

4. Jezi ak domèn espirityèl la

- **Matye 4:1-11**—Satan tante Jezi nan dezè a.

- **Lik 10:18**—"Mwen te wè Satan ap tonbe sot nan syèl la tankou yon zèklè."

- **Kolosyen 2:15**—Jezi te dezame tout gro otorite ak pouvwa ke yo genyen nan kan ènmi an atravè sakrifis la kwa a.

5. Legliz primitif l a ak Rankont Espirityèl yo

- **Travay 5:15-16**—Moun yo geri epi yo delivre anba move lespri demonyak yo.

- **Travay 16:16-18**— Apot Pòl chase yon lespri divinasyon kite nan yon tifi.

Apèsi Teyolojik

- **Domèn espirityèl la reyèl**: Li gen enpak sou evènman natirèl, desizyon pèsonèl, ak mouvman kiltirèl.

- **Nou chita avèk Kris la**: Kwayan yo resevwa otorite espirityèl nan mond espirityèl la (Efezyen 2:6).

- **Lame zanj BonDye a prezan**: Nou gen plis moun avèk nou pase yo. (2 Wa 6:16).

Aplikasyon Pratik

- Priye pou je espirityèl yo louvri.

- Angaje domèn espirityèl la atravè lapriyè, adorasyon, ak Pawòl la.

- Rete ankre nan verite biblik la pou evite laperèz oswa vye konesans mistik.

Etid apwofondi

1. Bib la revele de domèn: domèn vizib la (fizik) ak domèn envizib la (espirityèl).

- Domèn fizik la se sa nou fè eksperyans ak senk sans nou yo—sa nou wè, tande, touche, goute, ak pran sant. Men, Lekriti a montre byen klè ke genyen tou yon domèn espirityèl ki reyèl menm jan an ki envizib.

- **2 Korentyen 4:18** di: *"Nou pa gade bagay moun wè yo, men bagay moun pa wè yo. Paske bagay moun wè yo la pou yon ti tan, men bagay moun pa wè yo la pou tout tan."*

- Mond vizib la tanporè, alòske mond espirityèl la etènèl. Anpil lit sou latè lye dirèkteman ak batay k ap fèt nan dimansyon envizib sa la.

- **Konsèy pratik**: Kwayan yo pa dwe konsantre sèlman sou solisyon natirèl yo, men tou envite entèvansyon BonDye ki pou soti nan domèn espirityèl la.

2. Zanj ak demon yo aktif nan domèn envizib la (Danyèl 10, Revelasyon 12).

- Zanj yo se lespri k'ap sèvi Bondye. Se Bondye menm ki voye yo pou pwoteje, gide, epi fòtifye pèp li a (**Ebre 1:14**).

- Demon yo, zanj kite revòlte ak Satan yo, opoze ak objektif BonDye epi ap eseye twonpe, oprime, epi detwi (Jan 10:10).

- Nan **Danyèl 10**, zanj Gabriyèl te retade venteyen jou pa yon "prens Pès" demonyak jiskaske Michèl, akanj lan, te vin ede. Sa montre ke konfli espirityèl yo ka afekte evènman sou tè a.

- **Revelasyon 12** dekri yon lagè nan syèl la kote Satan ak zanj li yo te goumen kont Michèl ak zanj Bondye yo.

- **Konsèy pratik**: Aktivite espirityèl ap dewoule nan anviwònman nou, kit nou rekonèt li kit nou pa rekonèt li. Kretyen yo dwe sonje yo pa poukont yo—BonDye dispoze èd syèl la an favè yo.

---

3. Batay espirityèl yo souvan manifeste nan domèn tankou tantasyon, opresyon, laperèz, maladi, ak dekourajman.

- Tantasyon: Satan te tante Jezi nan dezè a (Matye 4:1–11). Tantasyon pa o aza; se yon konba kont feblès nou yo.

- Opresyon: Nan Travay 10:38, Jezi te mache toupatou "ap geri tout moun ki te anba opresyon dyab la."

- Laperèz: Laperèz se souvan yon taktik lènmi an itilize pou paralize kwayan yo pou yo pa mache ak lafwa (2 Timote 1:7).

- Maladi: Se pa tout maladi ki demonyak, Lekriti yo montre sitiyasyon kote maladi te lye ak enfliyans demonyak (Lik 13:11–16).

- Dekourajman: Eli, apre yon gwo viktwa, te tonbe nan dezespwa epi li te vle mouri (1 Wa 19:1–4). Sa montre kijan batay espirityèl yo ka gen enpak sou emosyon ak sante mantal yon moun.

- **Konsèy pratik:** Lè modèl tantasyon, laperèz, oswa opresyon ki pa nòmal pèsiste, yo ka endike rezistans espirityèl. Sitiyasyon sa yo mande lapriyè, meditasyon sou pawòl BonDye yo, epi rete fèm nan lafwa.

4. Lè kwayan yo inyore reyalite domèn espirityèl la, sa fè yo vin vilnerab.

- Lè kretyen yo minimize oswa inyore lagè espirityèl la, yo riske pran nan sipriz ènmi.

- **Oze 4:6** di, *"Pèp mwen an ap detwi paske yo pa gen konesans."*

- Lènmi an pwospere nan sekrè ak twonpri. Lè kwayan yo fè tankou batay espirityèl yo pa egziste, yo ba li espas pou l opere san kontwòl.

- Pòl te avèti Korentyen yo pou yo rete vijilan pou *"Nou pap bay Satan okenn avantaj sou nou. Paske nou konnen byen pwòp sa Satan gen nan tèt li."* (**2 Korentyen 2:11**).

- **Konsèy pratik**: Konesans domèn espirityèl la ekipe kwayan yo pou yo priye estratejikman, reziste anba tantasyon, epi pwoteje kay yo ak fanmi yo.

Siy ki Komen

- Laperèz oswa konfizyon ki dire lontan san rezon ki eksplike sa

- Sik echèk oswa esklavaj ki repete

- Divizyon oswa konfli ki dire lontan nan fanmi oswa legliz

- Rèv ki pote opresyon oswa laperèz

- Yon atmosfè lou oswa dezespwa

Egzanp

Yon kwayan te toujou santi yon prezans lou lakay li nan mitan lannwit epi li te goumen ak laperèz sa. Avèk èd lapriyè epi dedikas kay li bay Kris la, lapè ak libète te ranplase laperèz la.

Egzanp Biblik

Nan 2 Wa 6, sèvitè Elize a te panike lè li te wè yon lame siryen. Elize te priye, epi BonDye te louvri je l pou l wè tout mòn lan te kouvri ak flanm dife an fòm kavalye ak cha lagè. Sa ki te sanble ak yon defèt sèten te aktyèlman antoure pa pwoteksyon BonDye.

Kesyon Refleksyon

- Èske w ap viv avèk konsyans ke gen yon batay ki depase fizik la? Mande Bondye pou l louvri je espirityèl ou yo.

- Nan ki pwen ou konsyan de batay espirityèl ki bò kote w la?

- Nan ki fason ou te fè eksperyans reyalite lagè espirityèl la?

- Ki efè konesans otorite ou nan Kris la genyen sou konfyans ou pandan batay la?

- Èske w ap viv avèk konsyans ke gen yon batay ki depase fizik la? Mande Bondye pou l louvri je espirityèl ou yo.

Egzèsis

1. **Refleksyon nan jounal ou**: Ekri sou yon moman kote ou te santi opozisyon espirityèl nan lavi ou. Ki jan ou te reyaji? Kisa ou ta fè diferan kounye a avèk nouvo konpreyansyon sa a?

2. **Meditasyon sou Lekriti Sent** : Pase senk minit chak jou nan semèn sa a ap medite sou Efezyen 6:12. Ekri tout refleksyon oswa enpresyon ki monte nan lespri ou.

3. **Priyè pratik**: Kòmanse chak jou nan semèn sa a pou fè priyè sa, "Senyè, ede m wè epi kanpe fèm kont batay espirityèl ki bò kote m yo. Ranpli m ak fòs ou epi ak sajès ou."

Kesyon Diskisyon

- Poukisa li enpòtan pou nou konprann ke lit nou an pa "kont la chè ak le san"?

- Ki jan pèspektiv sa a chanje fason nou abòde difikilte nan lavi a?

- Ki defi kwayan yo rankontre lè yo aksepte reyalite lagè espirityèl la?

Gid Priyè

- **Priyè pou Konsyans:**
"Papa, ouvri je m sou batay espirityèl ki antoure m nan. Ede m rekonèt konplo lènmi an epi rete fèm nan fòs ou."

- **Priyè pou Idantite:**
"Senyè Jezi, fè m sonje chak jou ke mwen chita avèk ou nan syèl la, abiye avèk otorite epi viktwa. Ede m mache avèk konfyans nan verite sa a."

- **Priyè pou Pwoteksyon:**

"Sentespri, antoure m ak lapè epi ak pwoteksyon ou. Pwoteje m
kont twonpri, laperèz ak atak lènmi an."

Tematik ki abòde yo

- Domèn espirityèl la nan Lekriti Sent yo

- Tonbe Lisifè ak ogmantasyon fòs demonyak yo

- Zanj, demon, ak enfliyans yo nan mond lan jodi a

- Wòl kwayan an nan konsyans espirityèl

- De domèn yo: vizib (fizik) ak envizib (espirityèl)

- Aktivite zanj ak demon yo

- Kijan batay espirityèl yo manifeste nan lavi chak jou (tantasyon,
  laperèz, opresyon, maladi, dekourajman)

- Danje pou inyore lagè espirityèl la

- Apèl pou kwayan an vin pi konsyan epi rete atantif

Chapit 2:
Konprann lènmi an

Vèsè kle yo

- *1 Pye 5:8 Kenbe tèt nou anplas, rete sou prigad nou. Paske dyab la, lènmi nou an, ap veye nou tankou yon lyon ki move, k'ap chache moun pou l' devore.*

Apèsi sou sijè a

Satan se yon lènmi ki pèdi batay la, men li rete yon menas formidab. Lè ou rekonèt estrateji ak objektif li yo, sa pèmèt ou reziste byen. Taktik prensipal li yo gen ladan yo twonpri, akizasyon, tantasyon ak opresyon. Malgre li pa ka domine pitit Bondye yo, li vize distrè, divize epi detwi atravè manti. Konprann estrateji sa yo ede kwayan yo idantifye epi reziste atak li yo.

Etid apwofondi

Kiyès Satan ye?

Satan, ke yo rele tou dyab la, te okòmansman yon zanj yo te rele Lisifè. Li te vin awogan epi li te revòlte kont Bondye. Chase soti nan syèl la, kounye a li ap travay pou opoze Bondye ak pèp li a (Ezayi 14:12–15; Revelasyon 12:7–9). Li dekri kòm yon twonpè, yon tantè, yon akizatè, epi yon lènmi nanm nou (Jan 8:44; 1 Pyè 5:8).

Nati demon yo

Demon yo se zanj tonbe ki te swiv Satan nan rebelyon li a. Yo se espri san kò ki chache abite, enfliyanse, oswa toumante lavi moun (Lik 11:24-26). Objektif yo se separe moun ak Bondye, kreye konfizyon, epi gaye fènwa espirityèl.

Estrateji Komen Lènmi an:

- **Twonpri**: Satan se papa manti (Jan 8:44). Li defòme verite Bondye a pou l ka twonpe moun.

- **Distraksyon**: Li detounen kwayan yo de lapriyè, Lekriti Sent yo, ak apèl Bondye a avèk aktivite okipe oswa aktivite mond lan

- **Dekourajman**: Li sèvi ak wont, echèk ak laperèz pou febli lafwa nou epi fè nou abandone.

Konnen pwen fèb ou yo epi pwoteje yo

Tout moun gen zòn vilnerabilite—kit se ògèy, laperèz, lanvi, ensekirite, oswa kòlè. Idantifye epi soumèt bagay sa yo bay Bondye atravè lapriyè, responsablite, ak Lekriti Se kle pou rete fò nan batay la.

Eksplorasyon apwofondi

1. Satan reyèl, men li se yon lènmi ki pèdi batay la (Kolosyen 2:15).

- Anpil moun jodi a minimize Satan kòm yon senp senbòl mal, men Lekriti yo montre byen klè ke li se yon èt espirityèl reyèl, advèsè Bondye ak pèp li a.

- Men, Satan pa egal ak Bondye. Li se yon èt ki te kreye e li deja defèt grasa travay Kris la sou kwe *KOLOSYEN 2 : 15 kon sa Bondye dezame tout otorite ak pouvwa espirityèl yo. Li avili yo an piblik devan je tout moun tankou prizonye.*

- li." Sa vle di Satan pèdi otorite legal li sou kwayan yo. Pouvwa li kounye a opere sitou atravè manti ak twonpri, li pa gen kontwòl absoli.

- **Konsèy pratik**: Nou goumen ak viktwa, pa pou viktwa. Kwayan an pa bezwen pè dyab la men li dwe rete vijilan epi kanpe nan otorite Kris la.

---

2. Taktik prensipal li se twonpri—tòde Pawòl Bondye a oubyen plante manti (Jenèz3)

- Depi nan kòmansman, estrateji Satan se defòme Pawòl Bondye a. Nan Jaden Edenn nan, li te mande Èv: "Èske Bondye te vrèman di...?" (Jenèz 3:1). Lè l te tòde kòmandman Bondye a, li te simen dout ak twonpri.

- Jezi te dekri li kòm "papa manti" (Jan 8:44). Souvan, manti li yo melanje verite ak fo pou konfonn epi twonpe moun.

- Twonpri ka parèt nan fo ansèyman, vizyon mond lan defòme, e menm panse pèsonèl negatif.

- **Konsèy pratik**: Pi bon defans kont twonpri se konnen Lekriti Sent yo. Menm jan Jezi te reponn tantasyon an ak "Men sa ki ekri..." (Matye 4), kwayan yo dwe itilize Pawòl Bondye a pou denonse manti.

3. Li akize kwayan yo devan Bondye (Revelasyon 12:10).

- Youn nan non Satan se *"akizatè frè yo". Revelasyon 12:10 di: "Paske, yo voye akizatè frè nou yo atè, moun ki t ap akize yo devan Bondye nou an lajounen kou lannwit."*

- Akizasyon li yo souvan vini kòm panse kondanasyon ki fè kwayan yo santi yo pa diy, yo pa renmen yo, oswa yo pa padone yo. Kontrèman ak konviksyon Sentespri a (ki mennen nan repantans ak restorasyon), akizasyon Satan yo mennen nan wont ak dezespwa.

- **Konsèy pratik**: Kwayan yo ka fèmen bouch akizasyon lènmi an avèk verite Pawòl Bondye a, sitou Women 8:1 ki di: " *Koulye a, nanpwen okenn kondannasyon pou moun ki fè yon sèl kò ak Jezikri.* »

4. Li bouche lespri moun ki pa kwè yo pou anpeche yo jwenn delivrans (2 Korentyen 4:4).

Objektif dyab la se anpeche moun konnen Kris la. 2 Korentyen 4:4 di » Yo *pa kwè paske sa yo pran pou Bondye nan lemonn lan bouche lespri yo.*

Li enpoze yo wè limyè bon nouvèl la. Se bon nouvèl sa a ki fè nou konnen pouvwa Kris la, li menm ki pòtre Bondye.

- Avegleman sa a rive akoz distraksyon, fo relijyon, filozofi mond lan, ògèy, oswa menm apati espirityèl.

- Avègleman espirityèl se pa sèlman inyorans; se yon fènwa entansyonèl ki enfliyanse pa lènmi an.

- Efezyen 2:2 dekri moun ki pa kwayan yo kòm moun k ap swiv "chèf pouvwa lè a, lespri k ap travay kounye a nan pitit dezobeyisans yo".

- Lè Satan ap pouse moun fè konpwomi, kit se nan divètisman, nan relasyon ak lòt moun, oswa nan prensip li yo, li febli lafwa epi li kòwonp plizyè jenerasyon.

- **Konsèy pratik**: Kretyen yo gen misyon pou yo vin "sèl ak limyè" (Matye 5:13-16), pou yo reziste presyon kiltirèl yo epi pou yo rete fèm nan sentete pandan y ap enfliyanse sosyete a pou Kris la.

---

5. Li chache enfliyanse kilti, fanmi ak moun atravè peche ak konpwomi.

- Satan pa sèlman travay nan lavi pèsonèl, men tou nan sosyete a, li fòme kilti nan fason ki opoze ak verite Bondye a.

- Kèk egzanp gen ladan yo konpwomi moral, nòmalizasyon peche, fanmi kraze, ak ideyoloji ki rejte Bondye.

- Efezyen 2:2 dekri moun ki pa kwè yo kòm " *chèf otorite yo ki nan lè a, move lespri k'ap travay koulye a nan moun k'ap dezobeyi Bondye yo.*"

- Lè Satan ap pouse moun fè konpwomi, kit se nan divètisman, nan relasyon ak lòt moun, oswa nan prensip li yo, li febli lafwa epi li kòwonp plizyè jenerasyon.

- **Konsèy Pratik:** Kretyen yo gen apèl pou yo *"sèl ak limyè"* (Matye 5: 13 –16), reziste ak presyon kiltirèl yo epi rete fèm nan sentete pandan n ap enfliyanse sosyete a pou Kris la.

Siy Komen

- Santiman kondanasyon pèsistan malgre repantans

- Konfizyon sou verite kont manti

- Tantasyon konstan nan zòn fèb yo

- Divizyon nan relasyon yo

- Laperèz, wont, oswa kilpabilite ki paralize kwasans espirityèl la

Egzanp

Yon kwayan te toujou ap lite ak panse sa a: "Bondye pa renmen w ankò." Manti sa a te fè yo sispann lapriyè. Yon fwa yo te rekonèt sous manti a, yo te reziste kont manti a avèk Women 8:38-39, epi lapè te retounen.

Egzanp Biblik

Nan Matye 4, Satan te tante Jezi avèk manje, pouvwa, ak rekonesans. Chak fwa, Jezi te reponn ak Lekriti yo: *"Men sa ki ekri..."* Egzanp li montre ke viktwa vini lè w konnen epi aplike Pawòl Bondye a

Konsèy pratik

Lènmi an pa gen nouvo trik—taktik li yo se menm jan ak nan kòmansman an: manti, tantasyon, ak distraksyon. Rekonèt manti a se premye pa a; ranplase li ak verite a se dezyèm pa a.

Aplikasyon pratik

- Priye pou je espirityèl yo louvri.

- Angaje w nan domèn espirityèl la atravè lapriyè, adorasyon, ak Pawòl la.

- Rete ankre nan verite biblik la pou evite laperèz oswa mistik.

Kesyon Diskisyon

- Ki manti oswa twonpri ou remake lènmi an ap itilize kont ou?

- Èske ou ka idantifye feblès pèsonèl ke lènmi an ta ka eksplwate?

Kijan konpreyansyon taktik lènmi an chanje apwòch ou nan lagè espirityèl la?

....

....

....

....

Kilès nan estrateji lènmi an ou te wè nan pwòp lavi ou? Kijan ou ka reziste li atravè Pawòl Bondye a?

....

....

....

....

....

Egzèsis

1. **Envantè pèsonèl**: Ekri domèn nan lavi w kote w santi w vilnerab a tantasyon oswa dekourajman. Priye pou chak domèn, mande Bondye fòs ak pwoteksyon.

2. **Defans Lekriti Sent yo**: Aprann pa kè epi deklare awotvwa Jak 4:7—"Soumèt nou devan Bondye. Reziste dyab la, epi l ap kouri kite nou." Sèvi ak vèsè sa a chak fwa ou santi wanbaatak

3. **Priyè Konfesyon ak Pwoteksyon**: Priye chak jou, konfese

nenpòt peche ou konnen/ou pa konnen epi mande Bondye pou ranfòse defans ou nan domèn feblès ou yo.

Kesyon Diskisyon

Kijan nou ka fè diferans ant lè lènmi an ap itilize twonpri ak lè n ap fè fas ak defi natirèl?

- Ki etap pratik ou ka pran pou "konnen pwen fèb ou yo" epi pwoteje yo efektivman?

- Kijan kominote ak responsablite jwe yon wòl nan pwoteksyon espirityèl?

Gid Priyè

- **Priyè pou Revelasyon:**
  "Senyè, revele m konplo lènmi an ak nenpòt zòn kote mwen vilnerab. Ede m kanpe fèm epi reziste atak li yo."

- **Priyè pou Fòs:**
  "Papa, ban m pouvwa ak Lespri ou pou m simonte tantasyon, dekourajman ak distraksyon. Ede m viv nan libète ak viktwa."

- **Priyè pou Pwoteksyon:**
  "Jezi, kouvri m ak san ou epi antoure m ak zanj ou yo. Pwoteje m kont tout mal espirityèl."

Tematik ki abòde yo

- Kiyès Satan ye?

- Natirèl demon yo

- Estrateji komen lènmi an (twonpri, distraksyon, dekourajman)

- Konnen pwen fèb ou yo epi pwoteje yo

- Idantite ak taktik Satan yo

- Manti, akizasy, ak tantasyon

- Viktwa atravè Kris la ak Pawòl la

- Ranplase manti ak verite

- Viv vijilan men san pè

Chapit 3:
Idantite nou nan Kris

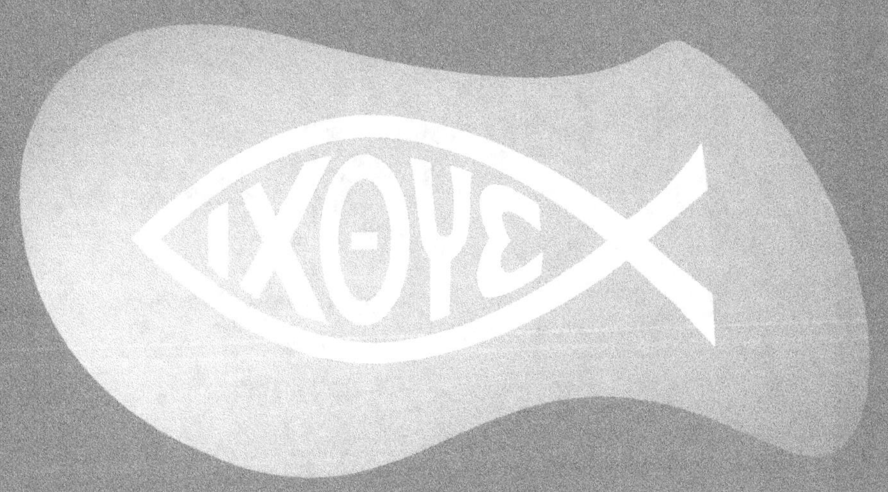

Vèsè kle yo

- *2 Korint 5:17— Si yon moun ap viv nan Kris la, li vin yon lòt moun. Bagay lontan yo disparèt, se lòt bagay nèf ki pran plas yo koulye a.*

Apèsi sou sijè a

Konnen idantite ou nan Kris la enpòtan anpil pou genyen batay espirityèl yo. Idantite ou se fondasyon otorite, konfyans, ak libète ou. Konprann kiyès ou ye nan Kris la bay fòs pou ou nan lagè espirityèl. Zamèm lan eseye defòme imaj tèt ou, men Kris te redefini w kòm moun li renmen, ki padone, epi ki genyen. Aksepte verite sa a se kle pou viktwa nan batay espirityèl yo.

Chapit sa a ap etidye plis pwofondè kat verite fondamantal sou nouvo lavi nou nan Kris la.

Etid apwofondi

1. Ou Se Yon Nouvo Kreyasyon

Lè ou resevwa Jezi kòm Seyè ak Sovè ou, ou pa sèlman amelyore; ou renes. Vye nati peche ou a kriye ansanm ak Kris (Galat 2:20), epi ou vin vivan espirityèlman. Transformasyon sa a gen ladan yon kè nouvo, dezi nouvo, ak yon plas nouvo devan Bondye.

- **Women 6:4—***nou te antè ak li nan batèm nan lanmò, epi leve pou mache nan yon lavi nouvo.*

- **Ezekyèl 36:26—** *"M pral ban nou yon kè nouvo e m pral mete yon lespri nouvo nan nou."*

Konsèy Pratik: Sispann idantifye tèt ou pa peche sot pase yo oswa echèk. Konfese byen fò: "Mwen se yon nouvo kreyasyon nan Kris la - sot pase mwen pa defini m"

2. Ou chita ak Kris la nan Syèl la

Lè ou «chita ak Kris la» (Efezyen 2:6) se yon verite pozisyonèl. Sa vle di ou pataje nan viktwa Jezi a ak rèy Ou pa ap goumen soti nan yon kote nan defèt, men nan yon plas nan otorite espirityèl.

- **Efezyen 1:20-21**—Kris la chita byen lwen pi wo a tout prensipote ak pouvwa.

- **Kolosyen 3:1-3**—Nou leve soti vivan ansanm ak Kris la; mete lide ou sou bagay ki anwo

Konsèy Pratik: Kòmanse chak jou pa afime pozisyon ou nan syèl la. Li chanje lide ou soti nan laperèz nan viktwa.

3. Otorite kwayan an

Jezi te bay disip li yo otorite pou pilonnen tout pouvwa lènmi an (Lik 10:19). Otorite sa a pa baze sou merit nou, men sou viktwa Kris la sou peche, lanmò ak Satan.

- **Mak 16:17**—"Nan non mwen, yo pral chase demon yo...

- **Jak 4:7**— Se poutèt sa, desann nou devan Bondye. Men, pran pozisyon kont Satan, la kouri kite nou.

Konsèy Pratik: Egzèse otorite ou lè w pale Skrivti a, rebuke lènmi an nan non Jezi, epi lapriyè avèk kouraj. Otorite a pi efikas lè li baze sou obedi-yans ak entimite ak Bondye.

4. Viv Dapre Idantite Ou gen nan syèl la

Idantite ou pa depann sou emosyon, reyalizasyon, oswa opinyon lòt moun. Ou se yon pitit Bondye, yon eritaj ak Kris la, yon sitwayen nan syèl la, epi ou gen jistis Bondye (Women 8:17; Filipyen 3:20; 2 Korentyen 5:21).

Viv avèk idantite sa a enplike:

- **Renouvle lespri ou** ak verite (Women 12:2)   Se poutèt sa, ann pwoche avèk konfyans devan fotèy kote Bondye ki renmen nou an chita. Se la n'a jwenn padon pou peche nou yo, se la n'a jwenn pou gremesi sekou n'a bezwen lè nou nan nesesite.

- **Mâche nan Lespri a** (Galat 5:16)

- **Swiv sentete** (1 Pyè 1:15–16)

Konsèy Pratik: Ekri afimasyon sou kiyès ou ye nan Kris la. Pale yo fò pandan lapriyè. Kite idantite ou gide chwa ou ak reyaksyon ou.

Fòs ki genyen nan Idantite w nan Kris la

1. Nan Kris la, kwayan yo se pitit gason ak pitit fi BonDye (Jan 1:12).

- Delivrans pa sèlman sove nou anba peche; li pote nou nan fanmi Bondye.

- **Jan 1:12** *" Men, sa ki te resevwa l' yo, sa ki te kwè nan li yo, li ba yo pouvwa tounen pitit Bondye."*

- Lespri Bondye ban nou an, se pa yon lespri k'ap fè nou esklav pou n'ap tranble devan Bondye toujou. Okontrè, Lespri Bondye a fè nou tounen pitit Bondye. Se li menm ki penmèt nou rele Bondye Papa (Women 8:15).

- Satan vle nou bliye idantite sa a paske lè nou wè tèt nou sèlman kòm fèb oswa ki pa vo anyen, nou rete ezite pou nou itilize otorite nou

- **Konsèy pratik**: Lagè espirityèl fèt ak konfyans ke nou se pitit Bondye, pa kòm sèvitè ki pè. Pitit gason ak pitit fi goumen soti nan relasyon, pa soti nan relijyon.

2. Nou pa longè avèk esklavaj peche ankò, men nou lib (Women 6:18).

- Anvan Kris la, peche te gouvènen nou; nou te esklav pouvwa li. Men nan delivrans, dominasyon peche te kraze.

- **Women 6:**18 deklare, " *Nou delivre anba peche. Koulye a se esklav sa ki byen nou ye.*"

- Peche pa dwe donminen sou nou, paske nou pa anba pouvwa lalwa Moyiz la ankò, se anba favè Bondye a nou ye. (Women 6:14).

- Satan souvan eseye twonpe kwayan yo pou panse yo toujou mare ak ansyen abitid yo, echèk yo, oswa depandans yo.

- **Konsèy Pratik:** Lè lènmi an fè w sonje pase w, pwoklame libète w nan Kris la. Ou pa nan chèn ankò—ou lib pou viv sen.

3. Valè nou soti nan deklarasyon Bondye, pa nan echèk nou yo.

- Lènmi an soufle wont: "Ou echwe; kidonk, ou pa vo anyen." Men Bondye defini valè nou, pa erè nou yo.

- Ekriti di nou "*M'ap fè lwanj ou, paske ou pa manke fè bèl bagay. Tou sa ou fè se bèl bagay. Mwen konn sa byen.*" (Sòm 139:14) e "*Se Bondye ki fè nou. Nan Jezikri li kreye nou pou nou ka fè anpil bon zèv nan lavi nou, dapre sa li te pare davans pou nou te fè.*" (Efezyen 2:10).

- Bondye wete nou nan lavi san sans nou te resevwa nan men zansèt nou yo. Nou konnen sa li te peye pou sa. Se pa avèk bagay ki ka pèdi valè yo tankou lajan ak lò.   —Men, se avèk gwo ofrann san Kris la ki te koule lè li te ofri tèt li tankou yon ti mouton san defo ni ankenn enfimite. (1 Pyè 1:18–19).

- **Konsèy Pratik**: Idantite nan lagè espirityèl vle di rejte kondanasyon e aksepte verite Bondye: "Mwen delivre, padone, chwazi, e renmen." Fason panse sa a retire zakizasyon lènmi an.

4. Konnen idantite a bati konfyans nan lapriyè ak batay espirityèl.

- Konfyans nan batay pa awogans men asirans. Ebre 4:16 di, "*Se poutèt sa, ann pwoche avèk konfyans devan fotèy kote Bondye ki renmen nou an chita. Se la n'a jwenn padon pou peche nou yo, se la n'a jwenn pou gremesi sekou n'a bezwen lè nou nan nesesite.*"

- Lè nou konnen nou se pitit Bondye, lib kont kontwòl peche a, epi nou gen valè nan Jezi devan Bondye, nou lapriyè ak kouraj olye de pè.

- Plan Satan yo souvan pèdi pouvwa yo nan menm lè moun kwayan yo reyalize kiyès yo ye nan Kris la.

- **Konsèy Pratik**: Idantite alim otorite. Plis ou konnen kiyès ou ye nan Kris la, mwens ou pral kwè manti lènmi an.

Siy komen
- Batay ak ensèten oswa ti valè tèt ou
- Kwè etikèt sou echèk pase yo
- Konpare tèt ou toujou ak lòt moun
- Difikilte pou kwè Bondye vrèman renmen oswa padone

Egzanp

Yon jenn gason te kwè li te "yon echèk" akoz erè pase yo. Apre li te medite sou Women 8:1, li reyalize kondanasyon an te kase, epi li kòmanse viv ak konfyans nan Bondye.

Egzanp Biblik

Jidyon te kache ak pè, li te rele tèt li "pi piti a." Men Bondye te rele li yon **gwo vanyan sòlda** (Jij 6). Vre idantite li te baze sou deklarasyon Bondye, pa sou opinyon li.

Konsèy Pratik

Si lènmi an ka kenbe ou konfonn sou kiyès ou ye, li ka fè ou san pouvwa. Idantite pa depann sou jan ou santi w; se sa Bondye di ou ye ki konte.

Vèsè Kle pou Memorize

- 2 Korentyen 5:17

- Efezyen 2:6

- Lik 10:19

- Women 12:2

Kesyon Refleksyon

- Ki jan konesans ke ou se yon nouvo kreyasyon chanje jan ou wè tèt ou ak batay ou yo?

- Nan ki fason ou ka viv plis an konsistans soti nan pozisyon ou nan syèl la?

- Kijan ou egzèse otorite ou nan Kris la kounye a? Ki kote ou ta ka grandi?

- Èske ou ap viv tankou yon nouvo kreyasyon oswa tankou ansyen tèt ou? Ki sa ki ta chanje si ou vrèman te kwè ou chita avèk Kris nan viktwa?

- Èske ou kwè sa Bondye di sou kiyès ou ye? Kijan ou ka mache nan idantite sa a semèn sa a?

....

....

....

....

....

Egzèsis:

1. **Deklarasyon Idantite**: Ekri yon deklarasyon pèsonèl ki baze sou vèsè kle sou idantite (pa egzanp, "Mwen se yon nouvo kreyasyon," "Mwen chita avèk Kris," "Mwen gen otorite sou lènmi an"). Pale li anlèv chak jou.

2. **Otorite an Aksyon**: Pratike lapriyè sou yon sitiyasyon nan lavi ou, reklame otorite Jezi ban nou pou simonte. Ekri nan jounal sa ou santi Bondye ap fè.

3. **Panse Sèlès**: Pran senk minit chak jou pou reflechi sou Efezyen 2:6, imajine ou chita avèk Kris epi ou gen fòs nan prezans Li.

Kesyon Diskisyon

- Ki kèk manti ou te kwè sou tèt ou ki bezwen ranplase ak verite sou idantite ou?

- Ki jan viv nan pozisyon selès ou ka afekte mache chak jou ou ak batay espirityèl ou yo?

- Ki fason pratik pou fè lafwa ou pi fò nan itilize otorite espirityèl?

Gid Lapriyè

- **Lapriyè pou Idantite**: "Seigneur, ede m konprann nèt kiyès mwen ye nan Ou—yon nouvo kreyasyon delivre ak fè m konprann pouvwa mwen. Anseye m viv nan verite sa a."

- **Lapriyè pou Transformasyon**: "Lespri Sen, renouvle lespri mwen chak jou. Ede m rejte manti lènmi an epi anbrase idantite mwen nan Kris la."

Tematik ki abòde yo

- Ou se yon nouvo kreasyon

- Ou chita ak Kris nan syèl la

- Otorite kwayan an

- Viv soti nan idantite syèl ou

- Idantite ak taktik Satan

- Manti, akizasyon, ak tantasyon

- Viktwa atravè Kris ak Pawòl la

- Ranplase manti pa verite

- Viv vijilan men san pè

Chapit 4:
Otorite Kwayan an

Vèsè kle yo

- ***Lik 10:19—*** *"Koute: Mwen ban nou pouvwa pou nou mache sou sèpan ak eskòpyon, pou nou kraze tout pouvwa Satan anba nou, pou anyen pa kapab fè nou mal."*

Apèsi sou sijè a

Kwyan yo pa viktim ki san defans. Jezi te bay disip li yo pouvwa pou yo mache sou fòs fènwa yo. Otorite kwayan an se yon eritaj espirityèl atravè Kris la. Nou gen pouvwa pou nou simonte lènmi an, pale Pawòl Bondye a avèk kran, epi aji an akò avèk syèl la. Chapit sa a eksplore kijan pou nou itilize otorite sa a avèk sajès ak efikasite.

Etid apwofondi

1. Otorite Delege Atravè Kris la

Jezi gen tout otorite nan syèl la ak sou tè a (Matye 28:18), epi Li te delege otorite sa a bay Legliz li a. Sa vle di kwayan yo pa aji nan pwòp non yo, men nan non Jezi. Delegasyon sa a legal, espirityèl, epi puisan.

- ***Matye 28:18-20—*** *"Yo ban mwen tout pouvwa nan syèl la ak sou tè a... ale non sa a."*

- ***Jan 14:12-14—*** *"Nenpòt moun ki kwè nan mwen va fè travay mwen ap fè yo..."*

Konsèy Pratik: Menm jan badj yon ofisye lapolis reprezante pouvwa gouvènman an, itilizasyon non Jezi a reprezante pouvwa ak sipò diven.

2. Kijan pou Itilize Otorite Espirityèl nan Priyè ak Lagè

Otorite a egzèse nan :

- **Pale Pawòl Bondye a**—Jan Jezi te fè nan dezè a (Matye 4).

- **Priye nan non Jezi**—Sa a se pa yon fòmil men yon pozisyon aliyman ak volonte Li.

- **Bay lespri yo lòd pou yo ale**—Menm jan apot yo te fè nan Travay Apot yo.

- **Entèsede avèk konfyans**—Konnen syèl la tande epi reponn.

Sipò Lekriti Sent yo

- **Mak 11:23-24**—Pale ak pwoblèm nan epi kwè.

- **Travay Apot yo 16:18**—Pòl bay lòd pou yon lespri divinasyon ale.

3. Mare ak Degaje

Jezi te bay kwayan yo otorite pou mare ak degaje (Matye 16:19; 18:18). Sa vle di:

- **Mare** = entèdi oswa mete restriksyon (pa egzanp, enfliyans demonyak, manti, laperèz).

- **Degaje** = pèmèt oswa lage (pa egzanp, verite, gerizon, lapè).

Egzanp pratik: "Nan non Jezi, mwen mare tout lespri konfizyon ak laperèz. Mwen degaje lapè ak sajès Bondye sou sitiyasyon sa a."

Sipò Labib

- **Matye 18:18**—"Tout sa ou mare sou tè a, va mare nan syèl la tou..."

- **Ezayi 61:1**—Jezi pwoklame libète pou prizonye yo.

4. Kilè pou kanpe ak kilè pou kouri

Gen sajès nan konnen kilè pou kanpe fèm ak kilè pou kouri:

- **Rete fèm**: Lè w ap fè fas ak atak espirityèl, tantasyon, oswa enjistis (Efezyen 6:13; Jak 4:7)

- **Kouri**: Lè w ap fè fas ak peche ki tante lachè a. Kouri anba lanvi lajenès (2 Timote 2:22), idolatri (1 Korentyen 10:14), ak imoralite seksyèl (1 Korentyen 6:18).

Eksplorasyon Apwofondi

1. Otorite soti nan lefèt ke ou nan Kris la (Matye 28:18–19).

- Otorite pa jwenn pa efò imen; li soti dirèkteman nan Jezi.

- Apre rezireksyon li, Jezi te deklare nan **Matye 28:18–19**: *"Yo ban mwen tout pouvwa nan syèl la ak sou tè a. Ale fè disip..."*

- Remake lòd la: Jezi te etabli pwòp otorite siprèm li an premye, apre sa li te delege otorite sa a bay disip li yo.

- Kwayan yo pa goumen kont Satan nan pwòp pouvwa yo, men nan non ak otorite Kris la.

- **Konsèy pratik**: Chak fwa ou priye, reziste tantasyon, oswa kanpe kont lènmi an, ou pa fè sa nan non ou, men nan non Jezi. Menm jan yon ofisye lapolis pote otorite poutèt badj la—pa fòs pèsonèl—nou menm nou kanpe fèm poutèt Kris la

---

2. Kwayan yo chita avèk Kris la nan syèl la (Efezyen 2:6).

- Delivrans pa sèlman sove nou anba peche, men li leve pozisyon espirityèl nou tou.

- **Efezyen 2:6 deklare:** *"Epi Bondye te resisite nou ansanm ak Kris la epi li te fè nou chita avèk li nan syèl la nan Kris Jezi."*

- Pou nou "chita avèk Kris la" vle di patisipe nan otorite, viktwa ak dominasyon li. Espirityèlman, nou kanpe anwo prensipite yo, nou pa anba yo.

- Chita sa a pa nan lavni; se yon reyalite prezan. Li bay kwayan yo konfyans pou yo priye avèk otorite epi pou yo reziste kont atak demonyak yo.

- **Konsèy pratik**: Dyab la vle kwayan yo santi yo bat e san pouvwa. Men, lè nou sonje ki kote nou chita a—nan Kris ki anlè tout pouvwa—nou priye epi nou viv avèk konfyans, pa avèk pè.

3. Otorite egzèse atravè lapriyè, deklarasyon, ak obeyisans.

- **Priyè**: Lapriyè se kanal kote kwayan yo lage otorite Bondye nan sitiyasyon yo. Jezi te anseye nou priye, *"Wayòm ou an vini, se pou volonte ou fèt sou tè a jan li ye nan syèl la"* (Matye 6:10). Lapriyè ranfòse otorite syèl la sou tè a.

- **Deklarasyon**: Pale Pawòl Bondye a byen fò se yon zam. Jezi te defèt tantasyon Satan yo lè li te deklare, *"Men sa ki ekri"* (Matye 4:4, 7,10). Deklarasyon mete pawòl nou yo ann akò ak verite Bondye a epi silans bay manti.

- **Obeyisans**: Otorite soti nan soumèt devan Bondye. Jak 4:7 anseye, *"Soumèt devan Bondye. Reziste dyab la, epi l ap kouri kite nou."* San soumèt, otorite pèdi pouvwa li.

- **Konsèy pratik**: Otorite pa vle di rele pi fò sou lènmi an, men se kanpe nan lafwa, pale Pawòl Bondye a, epi viv nan obeyisans. Yon lavi ki ann akò ak Bondye gen pwa nan domèn espirityèl la.

4. Lènmi an deja pèdi batay la men lap chèche fè moun pè.

- Satan konnen fen li—Revelasyon 20:10 di y ap jete l nan letan dife a. Men, an atandan, li opere atravè pè, laperèz ak twonpri.

- **1 Pyè 5:8** dekri li tankou yon lyon ki gwonde—pa yon lyon ki vle konkeri—k ap chèche moun li ka devore. Lyon yo gwonde pou kreye laperèz epi paralize bèt yo pral chase anvan yo atake.

- Malgre li bat, Satan eseye konvenk kwayan yo ke yo pa gen pouvwa. Li ogmante pwoblèm yo pou l kache pwomès Bondye yo.

- **Konsèy pratik:** Pa janm negosye avèk entimidasyon. Lè lènmi an gwonde ak laperèz, reponn avèk lafwa. Pale Lekriti yo, rete fèm, epi sonje li pa gen okenn otorite sou ou sof si ou sede l.

Siy Komen

- Laperèz lè w ap fè fas ak sa ki mal oswa opresyon

- Santi w enpuisans nan lit espirityèl yo

- Ezitasyon pou itilize non Jezi avèk kran

Egzanp

Yon fanmi te fè eksperyans dezòd lakay yo. Yon fwa yo te priye avèk otorite nan non Jezi epi yo te deklare lapè, dezòd yo te sispann.

Egzanp Biblik

Nan Travay Apot yo 16, Pòl te bay lòd pou yon lespri divinasyon kite yon tifi esklav nan non Jezi. Lespri a te ale imedyatman, sa ki montre otorite kwayan yo pote

Konsèy Pratik

- Otorite se tankou yon badj—pouvwa pa nan moun nan men nan non yo reprezante a.

- Sèvi ak otorite Jezi a avèk konfyans, pa avèk ezitasyon.

- Rete fèm nan verite ak lapriyè lè w anba opresyon espirityèl.

- Kouri dèyè sitiyasyon kote baz espirityèl ou fèb oswa konpwomèt.

Vèsè kle pou memorize:

- Lik 10:19

- Matye 18:18

- Jak 4:7

- 2 Timote 2:22

Kesyon Refleksyon:

- Kijan ou konprann otorite ou te delege nan Kris la?

....

....

....

....

....

● Èske ou ka sonje yon lè ou te egzèse otorite espirityèl efektivman?

● Kijan ou disène kilè pou ou rete fèm ak kilè pou ou retire kò ou?

● Ki kote ou te pasif lè Bondye ba ou otorite? Ki kote ou bezwen disènman pou ou kanpe oswa pou ou kouri?

- Èske ou te itilize otorite ou oswa ou te viv nan laperèz? Pale epi aji avèk konfyans nan pouvwa Jezi a.

....

....

....

....

- Poukisa anpil kwayan ezite pou yo itilize otorite yo?

....

....

....

....

- Kijan konnen pozisyon ou nan Kris la ba ou konfyans?

....

....

....

....

Egzèsis

1. **Pratik Priyè Otorite:** Ekri epi fè yon ti priyè pou deklare otorite ou sou yon domèn espesifik ki difisil oswa atake.

2. **Egzèsis Mare ak Degaje:** Idantifye yon domèn nan lavi w oswa nan kominote w ki bezwen entèvansyon espirityèl. Priye pou mare travay lènmi an epi degaje benediksyon Bondye yo.

3. **Jounal Disèman:** Reflechi sou sitiyasyon kote ou bezwen gidans sou kanpe oswa fè bak. Ekri sa ou santi Bondye ap di.

Kesyon Diskisyon

- Kisa sa vle di pratikman «mare» ak «degaje» nan lavi chak jou ou?

- Kijan kwayan yo ka grandi nan konfyans pou yo itilize otorite espirityèl yo?

- Ki kèk egzanp batay kote kanpe fèm oswa retrè estratejik te chanje rezilta

Gid Priyè

- **Priyè pou Odas:**
  «Senyè, ede m mache avèk odas nan otorite ou te ban mwen an. Se pou m itilize li pou m pote Wayòm ou an sou tè a.»

- **Priyè pou Disèman:**
  «Sentespri, gide m ki lè pou m kanpe fèm ak ki lè pou m fè bak. Anseye m sajès nan chak batay."

- **Priyè pou Aliyman:**
  "Papa, ede m mete volonte m ann akò avèk pa w, pou priyè m yo ak otorite m yo reflete plan pafè w la."

- **Priyè pou Otorite:**
  "Jezi, mèsi paske ou ban mwen otorite sou lènmi an. Ede m mache avèk kouraj ak konfyans nan otorite sa a."

Tematik ki abòde yo

- Otorite delege atravè Kris la

- Kijan pou itilize otorite espirityèl nan lapriyè ak nan lagè

- Mare ak lage

- Kilè pou kanpe ak kilè pou kouri

Chapit 5:
Zam BonDye yo

Vèsè *kle*

- *Efezyen 6:11—"Mete tout zam Bondye a sou nou, pou nou ka kenbe tèt kont riz dyab la."*

- *Efezyen 6:13–17—Dekri chak moso nan zam espirityèl la.*

Apèsi sou sijè a

Bondye ban nou zam espirityèl pou pwoteje nou epi pèmèt nou kanpe fèm kont atak lènmi an. Apot Pòl dekri zam espirityèl kwayan an nan Efezyen 6:10–18. Chak moso gen yon wòl estratejik nan defann ak bay kretyen yo pouvwa pandan batay espirityèl yo. Zam Bondye a prepare kwayan yo pou viktwa chak jou. Chak moso reprezante yon verite oswa yon disiplin ki enpòtan pou rete fèm nan lagè espirityèl la.

Etid apwofondi

1. Senti verite a

Verite a se fondamantal. Senti a te mare tunik sòlda women an epi li te kenbe nepe a. Espirityèlman, li kenbe tout bagay ansanm. Verite a konbat manti ak twonpri.

- **Jan 8:32—**"*Lè sa a, n ap konnen verite a, epi verite a ap libere nou."*

- **Sòm 119:160—**"*Rezime pawòl ou a se verite."*

Konsèy pratik: Ankre lavi ou nan verite Bondye a, pa nan opinyon oswa santiman. Aprann Pawòl Bondye a pa kè pou konbat manti lènmi an.

2. Pwoteksyon jistis la

Pwoteksyon jistis la te pwoteje ògàn vital yo, espesyalman kè a. Jistis pwoteje nou kont kondanasyon ak akizasyon.

- **2 Korentyen 5:21**—*"Nou se jistis Bondye nan Kris la."*

- **Women 8:1**—*"Pa gen kondanasyon pou moun ki nan Kris Jezi."*

Konsèy pratik: Chak jou, sonje tèt ou ke ou jis grasa Kris la, pa grasa pèfòmans ou.

3. Soulye Levanjil Lapè a

Sandal Women yo te gen pik pou priz ak estabilite. Levanjil la pote lapè ak Bondye epi li ekipe nou pou nou avanse san pè.

- **Women 5:1**—*"Nou gen lapè ak Bondye grasa Senyè nou an, Jezikri."*

- **Ezayi 52:7**—*"Ala bèl pye moun k ap pote bon nouvèl la."*

Konsèy pratik: Rete ankre nan lapè Bondye. Se pou w pare pou w pataje bon nouvèl la kèlkeswa kote w ale.

4. Boukliye Lafwa

Boukliye Women an te kouvri tout kò a epi li te kapab etenn flèch ki t ap boule. Lafwa etenn atak lènmi yo—dout, laperèz, manti.

- **Ebre 11:6**—*"San lafwa, li enposib pou nou fè Bondye plezi."*

- **1 Jan 5:4**—*"Men viktwa ki ranpòte laviktwa sou lemonn nan: lafwa nou."*

Konsèy pratik: Pale pwomès Bondye yo byen fò. Bati lafwa w lè w li temwayaj epi deklare verite a.

5. Kas delivrans

Kas la te pwoteje lespri a. Delivrans pwoteje panse nou yo avèk asirans sou kiyès nou ye ak ki kote n ap ale.

- **1 Tesalonisyen 5:8**—*"...tankou yon kas, espwa delivrans lan."*

- **Women 12:2**—*"Transfòme tèt nou pa renouvle lespri nou."*

Konsèy pratik : Konbat panse negatif yo lè w afime delivrans ou ak verite Bondye a sou lavi w.

6. Epe Lespri a

Epe a se Pawòl Bondye a—tou de defans ak ofans. Jezi te itilize l pou l defèt Satan nan dezè a.

- **Ebre 4:12**—*"Pawòl Bondye a vivan e efikas, li pi file pase nenpòt nepe ki gen de bò."*

- **Matye 4:4**—*"Men sa ki ekri..."*

Konsèy pratik: Sèvi ak Lekriti Sent yo lè w ap priye e lè w anba atak. Kite Pawòl la tounen zam ou.

Eksplorasyon apwofondi

1. Senti verite a—Viv ankre nan Pawòl Bondye a

- Senti a se te premye moso yon sòlda women te mete—li te kenbe rès zam li an plas. San verite, tout lòt bagay yo kraze.

- **Leson espirityèl**: Verite a plis pase reyalite—li se reyalite Bondye. Jezi te di, *"Mwen se chemen an, verite a, ak lavi a"* (Jan 14:6). Mete senti a vle di viv an akò ak Pawòl Bondye a ak Kris li menm.

- Zam prensipal lènmi an se manti. Manti sou Bondye, sou ou, ak sou sikonstans ou yo. Senti a anpeche ou tonbe nan twonpri.

- **Aplikasyon:** Angaje w nan lekti ak memorizasyon Bib la chak jou. Kite verite Bondye a sèvi kòm filtè pou nouvèl, kilti, e menm pwòp emosyon ou yo.

---

2. Pwoteksyon Jistis la—Mache nan Sentete

- Yon pwoteksyon Women te kouvri kè a ak poumon yo—vital pou siviv. Espirityèlman, jistis pwoteje kè a (sant dezi, panse, ak volonte).

- **De aspè jistis:**

- *Jistis enpute:* Jistis Kris la ban nou lè nou sove (Women 5:17).

- *Jistis pratik:* Chwa nou pou nou viv yon lavi sen ki fè Bondye plezi (1 Pyè 1:15).

- Satan atake ak kilpabilite ak kondanasyon, li eseye pèse kè a. Pwoteksyon an pwoteje lè li raple nou ke jistis Kris la kouvri nou.

- **Aplikasyon:** Lè kilpabilite frape, sonje Women 8:1: *"Se poutèt sa kounye a pa gen okenn kondanasyon pou moun ki nan Kris Jezi."* Chwazi sentete chak jou kòm yon vi pwoteksyon.

---

3. Soulye Lapè—Preparasyon atravè Levanjil la

- Sòlda yo te mete sandal kloure pou bay estabilite ak preparasyon pou mache sou long distans. San soulye apwopriye, yo pa t ap ka avanse oswa kanpe fèm.

- Lapè vini nan de fason:

- Lapè ak Bondye (Women 5:1)—pa lènmi Bondye ankò poutèt Kris la.

- Lapè Bondye (Filipyen 4:7)—kalm nan eprèv yo.

- Levanjil la bay toulede. Li prepare nou pou pataje bon nouvèl la epi pou kanpe. Fèm lè tanpèt frape.

- **Aplikasyon:** Kanpe sou lapè lè konfli leve. Lè laperèz eseye destabilize w, priye Filipyen 4:6–7. Kenbe Levanjil la sou bouch ou—pare w pou ankouraje lòt moun ak espwa Kris la.

4. Boukliye Lafwa—Bloke Flèch Dout ki Anflame

- Boukliye Women yo te wo, gwosè pòt, epi souvan yo te konekte ak lòt pou defans nan batay.

- Flèch ki anflame yo reprezante atak toudenkou: laperèz, dekourajman, tantasyon, dout. Lafwa bloke epi etenn yo.

- Lafwa se pa yon pozitivite avèg; se konfyans nan fidelite Bondye ki pwouve.

- **Aplikasyon:** Kenbe boukliye w tranpe nan Pawòl la (Women 10:17). Lè laperèz leve, ogmante lafwa lè w fè pwomès byen fò. Konekte boukliye yo ak lòt kwayan yo—lafwa kolektif nan lapriyè a puisan.

5. Kas Delivrans—Pwoteje Lespri a

- Kas te pwoteje sòlda a kont blesi fatal nan tèt. Espirityèlman, delivrans pwoteje lespri nou kont manti ak dezespwa. ● Chan batay Satan ki pi komen an se lespri a—li plante panse ki fè moun pè, konfizyon, dout, oswa kondanasyon.

- **Delivrans bay:**

- Asirans (Jan 10:28)

- Espwa lavi etènèl (Tit 1:2)

- Renouvèlman lespri a (Women 12:2)

- **Aplikasyon**: Deklare chak jou kiyès ou ye nan Kris la. Lè panse negatif atake w, rejte yo epi ranplase yo ak Lekriti Sent yo. Egzanp: Lè w tande "Ou pa jwenn padon," reponn ak 1 Jan 1:9.

6. Epe Lespri a—Pale Pawòl Bondye a

- Epe a te sèl zam ofansif ki te nan lis la. Li te kapab koupe nan nenpòt direksyon.

- Pawòl Bondye a dekri kòm yon epe nan Ebre 4:12—vivan, aktif, byen file.

- Jezi te bay egzanp sou itilizasyon epe lè Li te defèt tantasyon Satan yo lè l te site Lekriti Sent yo (Matye 4).

- **Aplikasyon**: Aprann vèsè espesifik pou domèn difikilte yo (pè, tantasyon, dekourajman). Pale yo byen fò nan lapriyè ak nan lagè. Pawòl la vin tounen yon nepe sèlman lè yo pale l, pa sèlman lè yo estoke l nan lespri a.

Kijan Zam yo Mache Ansanm

- Zam nan pa opsyonèl; se yon seri konplè pou chak kwayan.

- Verite kenbe tout bagay ansanm.

- Jistis pwoteje kè a.

- Lapè estabilize epi prepare nou.

- Lafwa bloke atak yo.

- Delivrans pwoteje lespri a.

- Pawòl la defèt lènmi an.

- Aplikasyon: Priye chak jou pou "mete" tout zam nan (Efezyen 6:11). Vizyalize chak moso pandan w ap angaje w nan verite, jistis, lapè, lafwa, sali, ak Pawòl la.

Siy Komen

- Santi w pa prepare espirityèlman

- Fasil pou w souke pa eprèv

- Lite ak dout oswa konfizyon

- Neglije devosyon chak jou

Egzanp

Yon elèv te priye chak jou nan zam Bondye a anvan lekòl. Disiplin sa a te ba li kouraj pou l reziste presyon kanmarad epi pataje lafwa li.

Egzanp Biblik

Jezi te reziste Satan nan dezè a avèk Lekriti Sent yo—Epe Lespri a—ki montre efikasite Pawòl Bondye a nan batay.

Konsèy Pratik

Mete zam la se pa yon bagay mistik men pratik—chwazi chak jou pou viv nan verite, lafwa, jistis, ak Pawòl la.

Vèsè Kle pou Memorize

- Efezyen 6:11–17

- Ebre 4:12

- Women 12:2

Kesyon Refleksyon

- Ki moso zam ou santi w pi fò ladan l?

....

....

....

....

....

- Kijan ou ka "mete" zam la chak jou?

....

....

....

....

....

- Kijan ou te wè zam la pwoteje w nan batay espirityèl yo?

....

....

....

....

....

- Ki moso zam ou pi bezwen ranfòse nan lavi chak jou w?

....

....

....

....

- Kijan ou ka mete l entansyonèlman jodi a?

....

....

....

....

- Ki moso zam ou bezwen ranfòse jodi a?

....

....

....

....

....

Egzèsis

1. Priyè pou Zam: Priye pou chak moso zam la chak maten, mande
   Bondye pou l abiye w ak fòs ak pwoteksyon.

2. Pratik Epe Lekriti yo: Aprann epi deklare Lekriti yo ki kont atak
   komen ou rankontre yo.

3. Boukliye Lafwa: Ekri moman kote lafwa ou te pwoteje ou. Reflechi
   sou viktwa sa yo lè dout oswa laperèz leve.

Kesyon Diskisyon

- Kijan diferan moso zam yo travay ansanm nan lagè espirityèl?

- Pataje temwayaj sou kijan itilizasyon zam la te ede ou reziste
  tantasyon oswa atak.

- Ki abitid chak jou ki ka ede ou toujou mete zam la?

Gid Priyè

- **Priyè pou Pwoteksyon**:

"Senyè, abiye m chak jou ak zam ou yo. Pwoteje lespri mwen, kè mwen ak nanm mwen kont atak lènmi an."

- **Priyè pou Lafwa**:
"Ogmante lafwa mwen, Papa, pou m ka kanpe fèm epi etenn tout flèch dife yo."

- **Priyè pou Pawòl la:**
"Ede m sèvi ak Pawòl ou kòm yon zam pwisan pou defèt manti ak twonpri.

" Priyè chak jou: Mete zam BonDye yo sou ou

(Baze sou Efezyen 6:10–18)

1. Sentiwon verite a

Senyè, mwen mete senti verite a. Ede m mache nan onètete ak entegrite jodi a. Ankre m nan Pawòl ou a, epi kite verite ou a devwale epi detwi tout manti lènmi an. Jezi, ou se verite a, epi mwen chwazi kanpe sou ou.

2. Pwoteksyon Jistis la

Papa, mwen remèsye w pou jistis Kris la ki kouvri m. Pwoteje kè m kont kondanasyon, kilpabilite, ak wont. Ban m pouvwa pou m mache nan sentete ak obeyisans jodi a, fè chwa ki fè w plezi epi ki reflete karaktè w.

3. Soulye lapè a

Senyè, mwen mete soulye Levanjil lapè a. Mèsi paske w ban m lapè avèk ou ak lapè Bondye nan chak sikonstans. Kenbe m fèm lè dezòd vini, epi prepare m pou m pataje bon nouvèl Kris la ak lòt moun jodi a.

4. Boukliye Lafwa a

Papa, mwen leve boukliye lafwa a. Ranfòse konfyans mwen nan ou. Etenn tout flèch dife laperèz, dout, tantasyon, oswa dekourajman ke lènmi an lanse sou mwen. Ede m kanpe fèm, kwè ke ou fidèl epi ou veridik.

5. Kas Delivrans lan

Senyè, mwen mete kas delivrans lan. Pwoteje lespri m kont manti, konfi-zyon, ak dezespwa. Renouvle panse m yo ak Pawòl ou. Sonje mwen ke mwen sove, mwen padone, epi mwen an sekirite nan Kris la. Ranpli mwen ak espwa lavi etènèl la.

6. Epe Lespri a

Sentespri, mwen pran epe Lespri a, ki se Pawòl Bondye a. Fè m sonje Pawòl ou a lè m anba atak. Anseye m deklare Lekriti Sent yo avèk kran, menm jan Jezi te fè a. Kite Pawòl ou a kraze manti epi pote viktwa jodi a.

Priyè Final

Senyè, mwen remèsye w paske nan Kris la mwen byen ame epi mwen totalman viktorye. Mwen chwazi kanpe fò nan pouvwa ou epi non pa nan pouvwa pa m. Kouvri m ak prezans ou, gide m pa Lespri ou, epi sèvi avè m jodi a kòm yon sòlda limyè. Nan non Jezi, Amèn.

Tematik ki abòde yo

- Reyalite lagè espirityèl la ak poukisa zam esansyèl (Efezyen 6:10–18).

- Senti Verite a: kanpe fèm kont manti ak twonpri.

- Pwoteksyon Jistis la: pwoteje kè a nan sentete ak jistis Kris la.

- Soulye Lapè yo: jwenn estabilite nan lapè Bondye ak nan preparasyon pou pataje Levanjil la.

- Boukliye Lafwa a: etenn flèch dife laperèz, dout ak tantasyon.

- Kas Delivrans lan: pwoteje lespri a avèk asirans, espwa ak renouvèlman.

- Epe Lespri a: itilize Pawòl Bondye a kòm defans ak ofans.

- Kijan zam yo travay ansanm kòm yon sistèm konplè pwoteksyon ak puisans.

- Fason pratik pou «mete» zam la chak jou atravè lapriyè, obeyisans ak Lekriti Sent yo.

- Jezi kòm modèl pou mete ak itilize zam espirityèl.

- Viv kòm yon kwayan ki byen ame: fè Wayòm Bondye a avanse avèk konfyans ak viktwa.

Chapit 6:
Pawòl BonDye a

Vèsè kle yo

- *Ebre 4:12—"Pawòl Bondye a gen lavi, li gen pouvwa. Li pi file pase kouto de bò. Li koupe jouk li jwenn kote nanm ak lespri moun fè yonn, jouk kote vyann ak mwèl zo kontre. Li jije tout santiman ak tout lide ki nan kè moun."*

- *Matye 4:4—"Jezi reponn li: Men sa ki ekri: Moun pa kapab viv ak manje ase. Yo bezwen tout pawòl ki soti nan bouch Bondye tou."*

Apèsi sou sijè a

Pawòl Bondye a se zouti ki pi puisan pou kwayan an. Li revele verite a, li fòtifye lafwa, epi li chase manti. Lè nou pale Lekriti yo byen fò, nou afime otorite espirityèl nou. Kòm zam ofansif nou, Pawòl Bondye a ekipe nou pou nou kontrekare taktik lènmi an. Lekriti yo esansyèl pou nou triyonfe nan lagè espirityèl la.

Etid apwofondi

1. Kijan Jezi te itilize Pawòl la nan dezè a

Nan Matye 4:1–11, Jezi te reponn a chak tantasyon Satan yo ak fraz sa a: *"Men sa ki ekri..."*

- Lè yo te tante l pou l transfòme wòch an pen, Li te site Detewonòm 8:3.

- Lè yo te tante l pou l teste Bondye, Li te site Detewonòm 6:16.

- Lè l te tante pou l adore Satan, li te site Detewonòm 6:13.

Konsèy Pratik: Jezi pa t rezone ak dyab la; li te site Pawòl la. Sa anseye nou ke Lekriti Sent lan se otorite final nou ak premye liy defans nou.

2. Memorize ak Medite sou Lekriti Sent lan

Memorize Lekriti Sent lan ekipe nou pou nou reponn imedyatman lè yon atak espirityèl vini. Meditasyon ede Pawòl la soti nan lespri nou pou l ale nan kè nou.

- **Sòm 119:11**—" Mwen sere pawòl ou yo nan kè mwen, pou m' pa fè peche kont ou.."

- **Jozye 1:8**—" Se pou pawòl ki nan liv lalwa a toujou nan bouch ou. Se pou w'ap kalkile yo nan tèt ou lajounen kou lannwit, pou ou ka viv dapre sa ki ekri nan liv la. Se konsa w'a mennen bak ou byen. Tout zafè ou va mache byen.."

Konsèy pou Memorize

- Ekri vèsè sou kat endèks.

- Repete yo pandan w ap mache lapriyè.

- Pataje yo ak lòt moun pou ranfòse retansyon.

Konsèy pou Medite

- Chwazi yon vèsè epi reflechi sou chak mo oswa fraz.

- Mande Bondye pou l revele kijan li aplike nan sitiyasyon ou ye kounye a.

3. Pale Pawòl la avèk Lafwa

Deklare Lekriti Sent lan ranfòse lafwa ou epi ranfòse otorite espirityèl.

- **Women 10:17**—" Konsa, se lè ou tande mesaj la ou vin gen konfyans. Mesaj la, se pawòl Kris la y'ap anonse."

- **Pwovèb 18:21**—" Sa ou di ka lavi pou ou, li ka lanmò pou ou. Sa ou chwazi, se sa w'ap jwenn."

Konsèy pratik

- Kòmanse jounen ou pa deklare Vèsè biblik kle nan lavi ou.

- Pale pwomès Bondye yo pandan defi olye de laperèz oswa dout.

- Kreye yon lis "konfesyon lafwa" epi repete l byen fò chak jou.

Eksplorasyon apwofondi

1. Pawòl la vivan e aktif (Jan 1:1; Ebre 4:12)

- **Jan 1:1** di: *"Anvan Bondye te kreye anyen, Pawòl la te la. Pawòl la te avèk Bondye. Sa Bondye te ye, se sa Pawòl la te ye tou."* Pawòl la pa sèlman tèks; li se yon revelasyon vivan Bondye li menm, ki enkane nan Kris la.

- **Ebre 4:12** ajoute: —*" Pawòl Bondye a gen lavi, li gen pouvwa. Li pi file pase kouto de bò. Li koupe jouk li jwenn kote nanm ak lespri moun fè yonn, jouk kote vyann ak mwèl zo kontre. Li jije tout santiman ak tout lide ki nan kè moun."*

- Kontrèman ak pawòl moun ki fennen, Pawòl Bondye a pote lavi diven ak pouvwa kreyatif (Jenèz 1:3). Li transfòme kè, li kondane moun pou peche, epi li libere verite a.

- **Konsèy pratik**: Lè w ap li Bib la, pa apwoche l kòm senp enfòmasyon men kòm Bondye k ap pale dirèkteman avè w. Priye: *"Senyè, kite Pawòl ou a vin vivan nan mwen jodi a."*

2. Pawòl la renouvle lespri a (Women 12:2)

- **Women 12:2** anseye: *"Pa fè menm bagay ak sa moun ap fè sou latè. Men, kite Bondye chanje lavi nou nèt lè la fin chanje tout lide ki nan tèt nou. Lè sa a, n'a ka konprann sa Bondye vle, n'a konnen sa ki byen, sa ki fè l' plezi, sa ki bon nèt ale."*

- Lespri a se chan batay kote Satan souvan atake ak manti, dout, ak laperèz. Pawòl la repwograme panse nou pou l aliyen ak verite Bondye a.

- Renouvèlman pa enstantane. Li se yon pwosesis pou ranplase ansyen modèl panse ak pwomès ak kòmandman Bondye yo.

- **Konsèy pratik:** Lè panse enkyetid leve, ranplase yo ak Filipyen 4:6-7. Lè yo kondane w, deklare Women 8:1. Se konsa lespri a renouvle—lè w chanje manti pou verite.

---

3. Pawòl la ekipe pou tout bon zèv (2 Timote 3:16–17)

- **2 Timote 3:16–17** deklare: *"Tou sa ki ekri nan Liv la, se nan Lespri Bondye a yo soti. Y'ap sèvi pou moutre moun verite a, pou konbat moun ki nan lerè, pou korije moun k'ap fè fòt, pou moutre yo ki jan pou yo viv byen devan Bondye. [17]Konsa, yon moun k'ap sèvi Bondye, li tou pare, li gen tou sa li bezwen pou l' fè tou sa ki byen."*

- Pawòl la ekipe nou nan kat dimansyon:

  - **Ansèyman**: Revele verite ak doktrin

  - **Reprimande**: Devwale manti ak peche

  - **Korije**: Retabli nou lè nou pèdi chemen

  - **Fòmasyon**: Bati karaktè ak andirans

- Chak batay espirityèl, chak apèl ministè, ak chak plasman nan lavi mande ekipman Pawòl Bondye a. San li, nou goumen san preparasyon.

- **Konsèy pratik:** Lè w ap prepare pou yon defi—kit se dirije, paran, ministè, oswa pran desizyon—chèche Lekriti ki ekipe w pou moman sa a.

4. Jezi te montre pouvwa Pawòl la nan reziste ak tantasyon (Matye 4:1–11)

- Lè yo te tante l nan dezè a, Jezi pa t diskite, negosye, oswa konte sou rezònman lèzòm. Li te bat Satan lè l te deklare: *"Men sa ki ekri."*

- Chak tantasyon—lanvi lachè (pen), ògèy lavi (teste Bondye), lanvi je (pouvwa/wayòm)—te konbat ak Lekriti Sent yo.

- Jezi te montre nou ke Pawòl la pa sèlman pou etidye men pou lagè aktif.

- **Konsèy pratik:** Kenbe vèsè yo "chaje" tankou flèch nan kè w. Lè tantasyon vini, pa sèlman panse ak Bib la; **pale l byen fò.** Pawòl la se yon nepe ki repouse fènwa.

Siy Komen

- Lite pou distenge verite a ak manti

- Lafwa fèb akòz mank lekti Lekriti Sent yo

- Difikilte pou reziste tantasyon

Egzanp

Yon fanm ki t ap lite kont dekourajman te pote kat endèks ak vèsè espwa. Lè l te pale yo byen fò, sa te chanje mantalite l epi sa te ranfòse lafwa l.

Egzanp Biblik

Jezi te itilize Lekriti Sent yo pou reziste dyab la nan Matye 4. Li te montre otorite ak puisans Pawòl Bondye a lè yo pale l.

Vèsè kle pou memorize

- Matye 4:4

- Sòm 119:11

- Jozye 1:8

- Women 10:17

- Ezayi 55:11

Kesyon Refleksyon

- Konbyen fwa ou pase tan ap li oswa ap koute Pawòl Bondye a?

- Ki vèsè ki te ankouraje w oswa ranfòse w dènyèman?

- Kijan ou ka itilize Lekriti Sent yo lè w santi w tante, pè, oswa dekouraje?

- Ki verite biblik ou bezwen kenbe pi fèm jodi a?

- Kijan ou ka "pale" Pawòl la menm jan Jezi te fè pou simonte batay espirityèl yo?

- Kisa ou ka fè chak jou pou kenbe Pawòl Bondye a aktif e vivan nan kè ou?

- Ki aspè nan lavi ou ki bezwen renouvle pa verite Bondye a kounye a?

Egzèsis

1. Idantifye yon aspè kote ou santi ou san pouvwa epi ekri yon priyè deklarasyon.

2. Pratike yon priyè "mare ak lage".

3. Ekri nan jounal ou kijan Jezi te itilize otorite li epi kijan ou ka swiv egzanp li.

Kesyon Diskisyon

- Poukisa otorite espirityèl souvan pa itilize pa kwayan yo?

- Ki diferans ki genyen ant odas ak arogan?

- Kijan ou itilize Pawòl Bondye a kounye a nan lavi chak jou ou?

- Ki vèsè ou ka angaje pou memorize semèn sa a pou konstwi defans ou?

Gid Priyè

- **Priyè Odas**: "Jezi, ede m mache avèk konfyans nan otorite ou te ban mwen an."

- **Priyè Disènman**: "Sentespri, anseye m ki lè pou m kanpe e ki lè pou m kouri."

Tematik ki abòde yo

- Pawòl la kòm yon bagay vivan e aktif (Jan 1:1; Ebre 4:12).

- Wòl Pawòl la nan lagè espirityèl la.

- Kijan Pawòl la renouvle lespri a epi transfòme panse a (Women 12:2).

- Lekriti Sent yo kòm yon bagay Bondye enspire e sifizan pou anseye, korije, ak fòme (2 Timote 3:16–17).

- Egzanp Jezi sou rezistans kont tantasyon atravè Lekriti Sent yo (Matye 4:1–11).

- Pale kont sèlman konnen Pawòl la: poukisa deklarasyon enpòtan.

- Sere Pawòl la nan kè a atravè meditasyon ak memorizasyon (Sòm 119:11).

- Pawòl la kòm yon zam (Epe Lespri a) kont manti, laperèz, ak tantasyon.

- Metòd pratik pou etidye, aplike, ak deklare Lekriti Sent yo chak jou.

- Bati yon "asenal espirityèl" vèsè kle pou batay lavi yo.

Chapit 7:
Lapriyè ak Jèn nan konba Espirityèl

Vèsè kle yo

- *Matye 17:21—"Men, kalite lespri sa yo, se fòs lapriyè ak jèn ki pou fè yo soti".*

Apèsi sou sijè a

Lapriyè ak jèn se de nan zouti espirityèl ki pi puisan nan asenal yon kwayan. Pa lè nou konbine lapriyè ak jèn, nou aliyen tèt nou ak volonte Bondye, disènman ak otorite. Lapriyè konekte nou ak pouvwa Bondye a, pandan jèn ap file konsantrasyon nou epi kiltive imilite. Ansanm, Yo libere pwogrè espirityèl epi yo bay kwayan yo pouvwa pou simonte defi yo.

Etid Elaji apwofondi

1. Poukisa nou priye epi nou fè jèn

- **Pou chèche prezans ak gidans Bondye** (Jeremi 29:13; Travay Apot yo 13:2-3)

- **Pou nou imilye tèt nou devan Senyè a** (Esdras 8:21)

- **Pou kraze fòtrès yo epi pou jwenn delivrans** (Ezayi 58:6)

- **Pou jwenn klète ak fòs espirityèl** (Mak 9:29)

Lapriyè se kominikasyon avèk Bondye; jèn se konsekrasyon bay Bondye. Ansanm, yo kreye yon anvlwònman espirityèl pou pwogrè.

Konsèy pratik: Etabli lè regilye pou lapriyè epi konsidere mete jou jèn sou kote pou atire atansyon pi pre Bondye epi resevwa pwogrè espesifik.

2. Egzanp Biblik yo

- **Moyiz** te fè jèn karant jou anvan li te resevwa Lalwa a (Egzòd 34:28).

- **Estè** te mande pou yo fè jèn pou l entèsede pou pèp li a (Estè 4:16).

- **Jezi** te fè jèn anvan ministè piblik li a (Matye 4:2).

- **Danyèl** te fè jèn pou l te ka konprann bagay yo epi pou l te ka dekouvri yon lòt bagay (Danyèl 10:2-3).

- **Legliz premye syèk la** te konn fè jèn anvan yo te nonmen lidè (Travay Apot yo 13:2–3).

Chak egzanp mete aksan sou kijan jèn ak lapriyè te pote direksyon, pwoteksyon ak puisans diven.

Twa temwayaj pèsonèl

1. Klète nan yon gwo desizyon

"Pandan yon jèn twa jou, mwen te resevwa plis klarifikasyon sou yon gwo desizyon nan lavi mwen t ap lite avèk li pandan plizyè jou." mwa. Bondye te konfime direksyon li atravè Lekriti yo ak lapè." —Anonim

- Pandan plizyè semèn, kwayan sa a te divize ant de opòtinite karyè. Toulede te sanble bon, men konfizyon te bouche kè a. Pandan yon jèn twa jou kote m te konsantre, distraksyon yo te disparèt epi Pawòl Bondye a te kòmanse pale klè.

- Yon maten, pandan m t ap medite sou Pwovèb 3:5-6 ("Mete tout konfyans ou nan Senyè a epi pa apiye sou pwòp konpreyansyon ou…"), yon gwo lapè te vini. Nan kèk jou, konfimasyon an te rive atravè yon prèch ak yon konvèsasyon avèk yon konseye ou fè konfyans. Desizyon ki te konn lakòz enkyetid la kounye a pote konfyans, li montre kijan lapriyè ak jèn ouvri zòrèy pou tande vwa Bondye.

2. Avansman nan relasyon familyal yo

"Apre m te fin fè jèn pou yon gwo chanjman nan fanmi m, pitit gason m nan, ki te distan, te ouvri kè l toudenkou epi li te mande pou l vin legliz ankò." —Anonim

- Paran sa a te pote yon gwo chay: yon pitit gason ki te abandone lafwa epi ki te vin lwen emosyon li. Konvèsasyon òdinè yo te sanble frape miray silans.

- Dezespere, paran an te angaje l pou l fè jèn pandan twa jou, li mande Bondye pou l adousi kè l. Nan dezyèm swa a, pandan l t ap priye, paran an te santi yon gwo enpresyon. *"Pa lage sa, paske lanmou kouvri yon pakèt peche.*

- Nan semèn apre a, pitit gason an te chita sanzatann epi li te pataje difikilte li yo. Li te admèt li te santi l pèdi epi li te mande si l te ka al legliz ankò. Jèn sa a te vin tounen pòt pou rekonsilyasyon ak premye pa nan retou li vin jwenn Kris la.

3. Libète anba laperèz ak enkyetid

"Gras a lapriyè ak jèn konstan, mwen te libere anba laperèz ak enkyetid ki te anvayi m pandan plizyè ane." — Doktè R. Bonhomme

- Pandan plizyè ane, enkyetid te yon lènmi envizib, sa te lakòz nwit san dòmi, panse k ap kouri vit, ak yon laperèz ki paralize moun. Menm travay senp yo te souvan santi yo akablan.

- Olye pou yo te lage kò yo nan dezespwa, yo te ajoute jèn nan lapriyè chak jou a. Jou pou yo te mete repa sou kote pou yo te reflechi sou vèsè tankou Filipyen 4:6-7 ("Pa enkyete nou pou anyen...") ak Sòm 27:1 ("Senyè a se limyè mwen ak delivrans mwen—ki moun mwen ta pè?") te pote chanjman gradyèl.

- Avansman an pa t rive nan yon sèl jou—men avèk tan, yon kalm sinatirèl te ranplase laperèz la. Pwa ki te konn peze moun nan te leve. Temwayaj sa a revele ke lapriyè ak jèn pa sèlman kraze chenn ekstèn yo, men tou, yo geri batay enteryè nan kè ak nan lespri.

Konsèy pratik: Kenbe yon joural kote ou mete objektif lapriyè ak jèn, konesans ou resevwa, ak repons ou bay priyè ou yo. Li bati lafwa epi li ede swiv kwasans espirityèl ou.

Eksplorasyon Apwofondi

1. Lapriyè se bouée de sauvetage kwayan an nan lagè

- **Lekti Labib: "Priye nan Lespri a nan tout okazyon avèk tout kalite priyè ak demann" (Efezyen 6:18).**

- Lapriyè pa yon opsyon; se zam ki aktive zam Bondye a.

- Atravè lapriyè, kwayan yo envite otorite syèl la nan sitiyasyon sou latè.

- Lapriyè mete nou an liy ak volonte Bondye (Matye 6:10). Li chanje batay yo soti nan sa ki natirèl pou ale nan sa ki sipènatirèl.

- **Konsèy pratik:** Menm jan sòlda yo pa janm antre nan batay san yo pa kominike, kretyen yo dwe rete an kontak konstan ak Kòmandan yo a. Lapriyè fè nou rete sansib a estrateji ak avètisman Bondye yo.

2. Kalite Lapriyè nan Lagè

- **Priyè Entèsesyon:** Kanpe nan espas pou lòt moun (Ezekyèl 22:30).

- **Priyè Petisyon:** Mande Bondye pou bezwen espesifik (Filipyen 4:6).

- **Priyè pou Lagè Espirityèl:** Reziste epi repouse atak demonyak yo (Lik 10:19).

- **Remèsiman ak Louwanj:** Chanje atmosfè a epi fè lènmi an pe bouch li (Sòm 149:6–9).

- **Priye nan Lespri a (Lang):** Li fòtifye kwayan an epi li revele mistè nan lapriyè (1 Korentyen 14:2; Jid 1:20).

- **Konsèy pratik:** Yon lavi lapriyè ki solid melanje fòm sa yo. Lagè pa sèlman reprimande move lespri, men tou kiltive entimite avèk Bondye.

---

3. Wòl jèn nan Lagè Espirityèl la

- **Lekriti:** "Kalite lespri sa a pa soti si se pa lapriyè ak jèn" (Matye 17:21).

- Jèn imilye lachè a epi li file sansibilite espirityèl (Esdras 8:23).

- Li kraze fòtrès, li lage chenn, epi li pote delivrans (Ezayi 58:6).

- Jèn se pa yon atak grangou pou manipile Bondye; se yon abandone tèt ou pou pwoche bò kote Li.

- **Konsèy pratik:** Jèn febli priz distraksyon, peche, oswa dejwe. Li debarase kè a, li fè plas pou pouvwa ak gidans Bondye.

---

4. Egzanp Biblik sou Priyè ak Jèn nan Lagè

- **Danyèl (Danyèl 10:2–14):** Jèn venteyen jou li a te pote yon gwo avansman nan yon batay espirityèl.

- **Estè (Estè 4:16):** Yon jèn twa jou te transfòme destriksyon nasyonal an delivrans.

- **Jezi (Matye 4:1–11):** Jèn karant jou li a te prepare l pou reziste tantasyon Satan yo epi lanse ministè li.

- **Legliz Premye a (Travay Apot yo 13:2–3):** Lapriyè ak jèn te vin anvan gwo misyon ak gwo pwogrè misyonè yo.

- **Konsèy pratik:** Egzanp sa yo revele ke jèn se pa sèlman disiplin pèsonèl men yon zam pou pwogrè nan fanmi yo, legliz yo ak nasyon yo.

---

5. Pouvwa Libere Atravè Lapriyè ak Jèn

- Pote klarite ak direksyon espirityèl (Travay 14:23).

- Ranfòse otorite sou fòs demonyak yo (Lik 10:19).

- Kraze modèl laperèz, dejwe, ak opresyon (Ezayi 58:6-8).

- Debloke dispozisyon ak pwoteksyon diven an (Esdras 8:23).

- Kiltive entimite avèk Bondye ak pouvwa espirityèl (Matye 6:17-18).

- **Konsèy pratik:** Jèn ranfòse lapriyè. Panse ak lapriyè tankou dife epi jèn tankou gazolin—ansanm yo limen pi gwo pouvwa nan lagè.

---

6. Gid Pratik Pou fè Jèn nan Lagè

- **Fikse Objektif:** Antre ak objektif klè (delivrans, gerizon, direksyon, entimite).

- **Kòmanse Ti:** Si se nouvo, kòmanse ak jèn pasyèl (tankou jèn Danyèl la) anvan jèn ki pi long yo.

- **Rete nan Pawòl la:** Ranplase repa yo ak Lekriti Sent yo, lapriyè, ak adorasyon.

- **Pwoteje kè w:** Fè jèn san imilite ak lapriyè se jis yon rejim (Matye 6:16–18).

- **Fini avèk sajès:** Kase jèn yo piti piti epi avèk remèsiman.

- **Konsèy pratik:** Yon jèn ki pa konekte ak lapriyè pa gen okenn pouvwa. Toujou asosye jèn ak tan entansyonèl nan prezans Bondye.

Siy Komen

- Santi w bloke espirityèlman

- Priyè ki santi yo san pouvwa

- Ap lite ak gwo difikilte oswa dejwe

Egzanp

Yon legliz te fè jèn pandan twa jou ap chèche yon gwo avansman. Apre sa, yon reveye te eklate, epi anpil moun te vin jwenn Kris la.

Egzanp Biblik

Estè ak pèp li a te fè jèn anvan li te al kot wa a. Bondye te itilize kouraj li pou sove Izrayèl anba destriksyon (Estè 4:16).

Konsèy Pratik

Jèn pa vle di jwenn favè men retire distraksyon pou konsantre sou Bondye.

Vèsè kle pou Memorize

- Matye 6:17–18.

- Ezayi 58:6

- Jeremi 29:13

- Travay Apot yo 13:2–3

Kesyon Refleksyon

- Ki pwogrè w ap chèche kounye a ?

- Ki jan ou ka angaje w nan lapriyè ak jèn pou w pwoche bò kote Bondye epi resevwa sajès ak puisans li?

- Planifye yon moman pou priye oswa fè jèn pou semèn sa a. Kisa ou kwè Bondye ap fè?

Egzèsis

1. **Planifye yon jèn:** Chwazi yon metòd pou fè jèn (jèn konplè, jèn pasyèl, jèn Danyèl, elatriye) epi angaje w pou youn a twa jou. Ekri pwen konsantrasyon w ak pwen lapriyè w yo.

2. **Jounal Priyè:** Ekri sa Sentespri a revele chak jou pandan jèn ou an.

3. **Refleksyon sou Lekriti Sent yo:** Medite sou Ezayi 58 epi reflechi sou kalite jèn ki fè Bondye plezi.

Kesyon pou Diskisyon

- Ki enpak jèn te genyen sou lavi espirityèl ou nan tan lontan?

- Poukisa ou panse lapriyè vin pi puisan lè yo konbine avèk jèn?

- Ki jan ou ka entegre jèn regilyèman nan relasyon ou ak Bondye?

°Gid Priyè

- **Priyè Konsakrasyon ak Avansman Espirityèl:** "Papa ki nan syèl la, pandan m ap imilye tèt mwen nan jèn ak lapriyè, pwoche m pi pre ou. Mete kè m an liy ak volonte ou, kraze tout fò, epi libere pouvwa ou nan lavi mwen. Nan non Jezi, Amèn."

Tematik ki abòde yo

- Fondasyon biblik lapriyè ak jèn (Matye 6:16-18; Travay Apot yo 13:2-3).

- Poukisa jèn entansifye lapriyè epi file sansiblite espirityèl.

- Kijan lapriyè ak jèn kraze fòtrès espirityèl yo (Ezayi 58:6).

- Jezi kòm modèl la: li te fè jèn anvan li te kòmanse ministè li (Matye 4:1–11).

- Egzanp Ansyen Testaman sou pwogrè grasa jèn (Estè 4:16; Danyèl 9:3).

- Jèn pèsonèl ak jèn pou gwoup: lè moun ak legliz yo fè jèn ansanm.

- Wòl jèn nan disènman, gidans, ak pran desizyon.

- Jèn kòm yon zouti pou imilite, abandone tèt ou, ak depandans sou Bondye.

- Simonte opresyon espirityèl, laperèz ak tantasyon atravè jèn.

- Fason pratik pou prepare epi pratike lapriyè ak jèn san danje.

- Temwayaj modèn sou pwogrè ki fèt grasa lapriyè ak jèn.

- Entegre lapriyè ak jèn nan yon fason pou viv, pa sèlman yon evènman yon sèl fwa.

Chapit 8 : Wòl Adorasyon

Vèsè Kle yo

- *2 Kwonik 20 :22 — "Lè yo te kòmanse chante ak fè lwanj, Seyè a te mete anbuskad kont moun Amon, Moab ak mòn Seyi ki t ap atake Jida, epi yo te bat yo nèt."*

- *2 Kwonik 20 — Ekip adorasyon Jozafat là te mache devan lame a, e Bondye te bay viktwa.*

Apèsi sou sijè a

Adorasyon chanje atmosfè a epi li envite prezans Bondye nan batay là. Adorasyon se plis pase mizik; se yon zam pwisan nan lagè espirityèl. Lè nou fè lwanj Bondye nan mitan advèsite, nou pwoklame grandè Li pi wo pase sikonstans nou yo. Adorasyon envite prezans Bondye, li konfonn lènmi an, epi li ranfòse lespri nou.

Etid apwofondi

1. Adorasyon kòm Zam Lagè

Adorasyon aliyen kè nou ak syèl la epi li envite prezans Bondye nan batay nou yo. Li raple nou kiyès Bondye ye, epi kiyès nou ye nan Li.

- **Sòm 22 : 3** — Bondye abite nan lwanj pèp Li a.

- **Travay 16 : 25–26** — Pòl ak Silas t ap adore Bondye nan prizon, epi Bondye te fè yon mirak.

Konsèy Pratik : Lè w santi w anba atak, adore Bondye kòm yon zak defi kont pè ak dekourajman. Adorasyon chanje atmosfè espirityèl la.

2. Lwanj nan Tanpèt la

Lwanj Bondye nan mitan eprèv montre konfyans epi li lage entèvansyon diven. Lame Wa Jozafat la te adore Bondye anvan batay la, epi Bondye te goumen pou yo.

- **Abakouk 3 :17–18**, Menm si pa gen rekòt, mwen pral kontan nan Seyè a.

- **Jòb 1 :20–21**, Apre gwo pèt, Jòb te adore Bondye.

Konsèy Pratik : Pran abitid adore Bondye anvan ou wè viktwa a. Lwanj se yon deklarasyon lafwa.

3. Pouvwa Mizik ak Deklarasyon

Mizik touche lespri a epi li angaje kè a. Deklarasyon ki fèt atravè chante oswa pawòl pale gen otorite espirityèl.

- **1 Samyèl 16 :23** — Mizik David là te chase move lespri yo.

- **Sòm 149 :6–9** — Se pou gwo lwanj Bondye nan bouch yo... pou mare wa yo ak chenn.

Konsèy Pratik :

- Fè yon lis chante adorasyon ki beni lavi w

- Chante vèsè Bib la byen fò

- Deklare pwomès Bondye chak jou pou ranfòse lafwa w

Adorasyon nan Lagè Espirityèl

1. Adorasyon Mete Je Nou sou Bondye, Pa sou Pwoblèm yo (Sòm 22 :3)

- **Verite Biblik** : Lè kwayan yo chwazi adore Bondye, pèspektiv yo chanje. Yo sispann gade difikilte yo, epi yo fikse je yo sou grandè Bondye.

- **Aplikasyon Pratik** : Pwoblèm yo pa toujou disparèt touswit, men adorasyon leve kè a nan prezans Bondye, kote lapè ak fòs la ye.

Pa egzanp, lè dèt ap ogmante oswa maladi peze sou ou, chante lwanj epi di : "Seyè, Ou se Founisè mwen. Ou se Geryè mwen."

- **Koneksyon ak Lagè Espirityèl** : Lènmi an vle kenbe kwayan yo nan pè. Adorasyon se yon zak defi ki deklare Bondye pi gwo pase batay la.

2. Adorasyon Pote Libète (Travay 16:25–26)

- **Verite Biblik**: Pòl ak Silas, bat e mete nan prizon, te chwazi chante lwanj nan mitan lannwit. Pandan yo t ap adore Bondye, tè a te tranble, pòt yo te louvri, e chenn yo te kase.

- **Aplikasyon Pratik** : Adorasyon ka kraze chenn enteryè tou—tankou pè, depresyon, oswa dezespwa. Chante oswa priye byen fò lè kè a santi li chaje se pa yon bagay natirèl, men li aliyen nou ak pouvwa syèl la.

- **Koneksyon ak Lagè Espirityèl**: Kote adorasyon leve, fòs lènmi an kraze. Move lespri yo kouri lè lwanj ap monte, paske adorasyon envite otorite Bondye.

3. Adorasyon Konfonn Lènmi an epi Ouvè Pòt Viktwa

- Verite Biblik : Nan 2 Kwonik 20:21–22, Wa Jozafat te voye chantè yo devan lame a. Pandan yo t ap adore Bondye, Seyè a te fè lènmi yo vire youn kont lòt. Viktwa a te vini atravè adorasyon, pa zam.

- **Aplikasyon Pratik:** Lè kwayan yo adore Bondye devan atak—kit se maladi, opozisyon, oswa pè—lènmi an vin konfonn. Li atann dezespwa, pa lwanj.

- **Koneksyon ak Lagè Espirityèl:** Adorasyon se pa yon zak pasif; se yon zam espirityèl. Lè nou leve lwanj, nou mache ak Bondye, epi pouvwa Li goumen batay nou pa ka wè yo.

Siy Komen

- Atmosfè lou oswa pè

- Difikilte pou priye oswa konsantre

- Opresyon emosyonèl

Egzanp

Yon fanm ki t ap lite ak enkyetid te kòmanse jwe mizik adorasyon lakay li. Apre yon tan, pè a te disparèt, epi lapè te ranpli kè li.

Egzanp Biblik

Pòl ak Silas te adore Bondye nan prizon. Bondye te souke fondasyon yo, louvri pòt yo, epi delivre yo (Travay 16).

Verite Pratik

Adorasyon se yon zam—li fè Bondye vin pi gwo, epi li diminye pè.

Vèsè pou Memorize

- 2 Kwonik 20 :22

- Sòm 22 :3

- Abakouk 3 :17–18

- Sòm 149 :6–9

Kesyon Refleksyon

- Ki wòl adorasyon jwe nan lavi espirityèl ou kounye a ?

- Ki jan ou ka itilize lwanj kòm yon estrateji lagè regilye ?

- Fè adorasyon vin yon pati nan plan batay où.

- Chante oswa jwe yon mizik adorasyon, epi envite prezans Bondye.

- Lwanj se yon zak defi kont pè, dout, ak dezespwa.

- Adorasyon reyaliyen pèspektiv nou sou grandè Bondye, pa sou pwoblèm nou.

* Lwanj konsantre sou kiyès Bondye ye, pa sou sa nou santi.

Egzèsis

1. **Plan Batay Adorasyon** : Fè yon plan adorasyon pou twa jou kote ou kòmanse chak maten ak 15 minit lwanj.

2. **Ekri yon Deklarasyon**: Kreye yon deklarasyon pèsonèl lwanj ki baze sou Bib la, sou sitiyasyon w ap viv la.

3. **Temwaye atravè Chante**: Chwazi yon chante adorasyon, epi ekri kijan li konekte ak batay espirityèl ou.

Kesyon Diskisyon

* Kijan adorasyon chanje anviwònman espirityèl ou pandan tanpèt?

* Poukisa lwanj afekte atmosfè ki bò kote nou?

* Ki wòl mizik jwe nan lavi espirityèl pèsonèl ou ?

* Kijan adorasyon enfliyanse batay espirityèl ou yo ?

* Èske w te janm fè eksperyans yon viktwa ki te vini atravè adorasyon?

Gid Lapriyè

- **Lapriyè Lwanj & Soumisyon :**
  "Papa, mwen fè lwanj Ou pa sèlman nan bon moman yo, men
  menm nan mitan tanpèt la. Kite adorasyon mwen vin yon zam. Kite
  lwanj leve nan lespri mwen epi chanje atmosfè a. Mwen fè Ou
  konfyans, epi mwen leve Non Ou pi wo pase tout lènmi. Nan non
  Jezi, Amèn."

- **Lapriyè Adorasyon & Lagè Espirityèl :** "Seyè, kite
  adorasyon mwen vin yon bon sant ki kraze lènmi an epi envite
  pouvwa Ou."

Sijè yo Kouvri

- Adorasyon kòm zam lagè

- Lwanj nan tanpèt

- Pouvwa mizik ak deklarasyon

Chapit 9:
Non ak San Jezi

Vèsè Kle yo

- *Filipyen 2:10 —"Konsa, tou sa ki nan syèl la, tou sa ki sou tè a ak anba tè a, yo tout va mete jenou yo atè devan Jezi pa respè pou non Bondye te ba li a."*

- *Revelasyon 12:11 — "Frè nou yo goumen ak li jouk yo gen batay la, gremesi san ti Mouton an ki te koule ak verite yo t'ap pibliye a: yo pa t' renmen lavi yo jouk pou yo ta pè lanmò."*

Apèsi sou sijè a

Non ak san Jezi gen yon gwo pouvwa pou kraze tout chenn epi dispèse fènwa. Viktwa Jezi sou peche, lanmò, ak dyab la se absoli e konplè. Kòm kretyen, nou genyen lè nou konprann otorite non Jezi, aplike pouvwa san Li, epi aksepte reyalite travay Li te fini sou kwa a. Non Jezi pote otorite, li egzije respè ak obediyans, pandan ke san Li kouvri, pwoteje, epi delivre, li bay padon ak netwayaj. Lè nou konte fidèlman sou reyalite espirityèl sa yo, nou ka mache nan viktwa, simonte defi, epi viv yon lavi ki reflete viktwa Kris la.

Etid apwofondi

1.Otorite nan Non Jezi

Non Jezi pote yon otorite absoli nan syèl la ak sou tè a. Lè moun kwayan yo pale non Li avèk lafwa, sa reprezante prezans Li, pouvwa Li, ak viktwa Li

- **Travay 3:6**—*Lè sa a, Pyè di li:" Mwen pa gen ni lajan ni lò. Men, sa m' genyen an, m'ap ba ou li. Nan non Jezikri, moun Nazarèt la, leve ou mache".*

- **Jan 14:13-14**—*» Tou sa n'a mande nan non m', m'a fè l' pou nou, pou Pitit la ka fè wè pouvwa Papa a.*[14] *(Nenpòt kisa n'a mande nan non m', m'a fè l' pou nou.)"*

Konsèy Pratik

- Lè w ap fè fas ak fè nwa, pale avèk kouraj nan non Jezi.

- Priye avèk otorite. «Nan non Jezi, mwen bay lòd pou pè a ale.»

2. Rele San Jezi

San Jezi se yon zam espirityèl ki gen anpil pouvwa. Li reprezante delivrans, padon, ak pwoteksyon. Rele san an se deklare pouvwa kouvèti ak pwòp Kris la sou sitiyasyon yo.

- **Egzòd 12:13**—San nou pase sou pòt yo va make kay kote nou ye a. Lè m'a wè san an, m'a sote kay nou. Konsa, lè m'ap frape peyi Lejip la, chatiman an p'ap tonbe sou nou tou.

- **Ebre 9:14**—nou pa bezwen mande kisa san Kris la p'ap fè. Avèk pouvwa Sentespri ki la tout tan an, li menm li ofri tèt li bay Bondye tankou yon ofrann bèt ki bon nèt, san okenn defo. Se konsa, san l' ap lave konsyans nou, l'ap delivre nou anba esklavaj lalwa k'ap touye nou an pou nou ka sèvi Bondye vivan an.

Konsèy Pratik

- Rele san an pandan lapriyè sou kay ou, fanmi ou, ak lespri ou.

- Di byen fò, "M ap rele san Jezi sou panse mwen, pitit mwen yo, ak lavni mwen."

3. Aplike Travay Li te Fini an nan Batay Espirityèl

Jezi te deklare, "Tout bagay fini" sou kwa a (Jan 19:30), sa vle di tout dèt te peye, epi tout viktwa te garanti. Nou pa goumen pou viktwa, men pou viktwa.

- **Kolosyen 2:15**—Avèk Kris la ki mouri sou kwa a, Bondye wete tout pouvwa ak tout otorite lespri yo te genyen nan lemonn. Li fè tout moun wè sa yo ye. Li fè yo mache tankou prizonye devan Kris la ki te genyen batay la.

- **Women 8:37**—"Men, sou tout bagay sa yo, nou genyen batay la nèt ale, gremesi moun ki renmen nou an.."

Pouvwa Non ak San Jezi a

1. Non Jezi a Reprezante Otorite Li (Filipyen 2:9–10)

- **Apèsi Biblik**: Filipyen 2:9–10." *Se poutèt sa, Bondye leve l' mete chita kote ki pi wo a. Li ba li yon non ki pi gran pase tout lòt non.*[10] *Konsa, tou sa ki nan syèl la, tou sa ki sou tè a ak anba tè a, yo tout va mete jenou yo atè devan Jezi pa respè pou non Bondye te ba li a.*"

- **Aplikasyon Espirityèl**: Lè kwayan yo priye "nan non Jezi," yo pa resite yon fòmil men yo envoke otorite Kris ki resisite a. Demon yo tranble nan non Li (Lik 10:17), gerizon libere nan non Li (Travay Apot yo 3:6), epi priyè yo jwenn repons atravè non Li (Jan 14:13–14).

- **Koneksyon Lagè**: Lènmi an dezame grasa san an paske li temwaye ke akizasyon l yo pa kenbe ankò (Revelasyon 12:11). Lè Satan pale verite san an, li raple l ke li deja defèt.

---

2. San li rachte, netwaye, epi pwoteje (Ebre 9:14)

- **Apèsi biblik**: Ebre 9:14 anseye ke san Kris la netwaye konsyans nou anba zèv ki mouri pou nou ka sèvi Bondye vivan an. San an reprezante sakrifis Kris la sou kwa a, ki te akonpli redanmsyon, padon, ak viktwa sou peche ak lanmò.

- **Aplikasyon espirityèl**: San an pa sèlman konsène delivrans; li konsène tou netwayaj kontinyèl (1 Jan 1:7) ak kouvèti espirityèl. Menm jan Izrayelit yo te mete san ti mouton an sou poto pòt yo nan Pak la (Egzòd 12:13), kwayan yo ka deklare pouvwa san Kris la kòm pwoteksyon sou lavi yo, fanmi yo, ak kay yo.

- **Lyen lagè espirityèl**: Lènmi an dezame atravè san an paske li temwaye ke akizasyon l yo pa kanpe sou anyen ankò (Revelasyon 12:11). Pale verite san an, fè Satan sonje ke li pèdi batay la deja.

3. Kwayan yo venk lè yo deklare travay li fini an

- **Apèsi Biblik**: Revelasyon 12:11 di, *"Frè nou yo goumen ak li jouk yo gen batay la, gremesi san ti Mouton an ki te koule ak verite yo t'ap pibliye a: yo pa t' renmen lavi yo jouk pou yo ta pè lanmò."* Viktwa nan lagè lye ak sa Kris la te fè (san an) ak sa kwayan yo deklare (temwayaj yo).

- **Aplikasyon Espirityèl**: Viktwa enplike pale verite a byen fò: "Mwen rachte pa san an. Mwen padone. Mwen lib." Deklarasyon sa yo mete kwayan an an liy ak reyalite Bondye a epi fèmen bouch manti lènmi an. Lafwa vin pi fò lè pawòl viktwa ranplase pawòl defèt.

- **Koneksyon Lagè**: Travay Jezi ki fini an—lanmò li, rezirèksyon li, ak egzaltasyon li—vle di pouvwa lènmi an kase. Deklare l byen fò se pa pou raple Bondye men pou ranfòse kwayan an ak reprimann lènmi an.

Siy Komen

- Kochma oswa laperèz nan dòmi

- Lit ak kilpabilite ak kondanasyon

- Santiman vilnerabilite

Egzanp Biblik

Pyè te geri yon nonm enfim lè li te deklare: *"Lè sa a, Pyè di li: Mwen pa gen ni lajan ni lò. Men, sa m' genyen an, m'ap ba ou li. Nan non Jezikri, moun Nazarèt la, leve ou mache.»* (Travay Apot yo 3:6).

Konsèy pratik

- Lè w anba atak, deklare travay Kris la fini: «Mwen padone, rachte, epi mwen ranpòte laviktwa grasa Jezi.»

- Kanpe sou Lekriti yo epi refize aksepte defèt kòm pòsyon pa w.

- San Jezi a pa senbolik sèlman. Li gen yon vrè pouvwa espirityèl lè w aplike l pa lafwa.

Vèsè kle pou memorize

- Filipyen 2:10

- Revelasyon 12:1

- Jan 19:30

- Kolosyen 2:15

Kesyon Refleksyon

- Èske w ap mache nan tout otorite Jezi te ba ou a? Kijan ou ka itilize non li, san li, ak travay li fini an nan batay espirityèl chak jou ou yo?

- Kijan ou ka deklare non Jezi sou sitiyasyon ou jodi a?

....

....

....

....

....

- Nan ki fason non Jezi pote pwa otorite syèl la nan lavi ou?

....

....

....

....

....

- Kijan ou konprann verite a ke san Jezi a se pa yon fòmil majik men yon reyalite espirityèl   nou anbrase pa lafwa?

....

....

....

....

Lè nou opere apati travay Kris la fini an, nou pa ap eseye genyen; nou ap aplike yon viktwa ki deja garanti.

Egzèsis

1. **Deklare Non an**: Fè yon lis sitiyasyon nan lavi ou epi priye avèk kouraj pou chak nan yo nan non Jezi.

2. **Egzèsis lapriyè sou San an**: Priye pou san Jezi a sou kay ou, fanmi ou ak lespri ou chak maten pandan sèt jou.

3. **Chemen Viktwa**: Ekri yon deklarasyon ki afime idantite ou ak otorite ou nan Kris la ki baze sou travay li fini an.

Kesyon Diskisyon

- Poukisa non Jezi a plis pase yon mo? Kisa li reprezante?

- Kijan nou ka pratikman "sipliye san an" sou aspè nan lavi nou?

- Kisa sa vle di viv dapre travay Kris la ki fini olye pou nou fè efò ak pwòp fòs nou?

Gid Priyè

- **Priyè pou Pwoteksyon ak Kouvèti**: Senyè Jezi, mwen onore non pwisan ou a. Mwen sipliye san ou sou lavi mwen—lespri mwen, kay mwen, ak tout sa ou konfye mwen. Mèsi paske travay ou a fini e viktwa ou a se pou mwen. Ede m mache avèk fòs nan otorite sa a, pou m pote glwa pou non ou. Amèn.

Priyè ak Deklarasyon

1. Non Jezi a: Otorite nan Priyè

Lapriyè:

"Papa, mwen remèsye w paske ou te bay Jezi non ki pi wo pase tout non. Nan non li, mwen kanpe nan otorite sou laperèz, dout, ak tout atak lènmi an. Se pou tout jenou bese devan Senyè Jezi nan lavi m, fanmi m, ak sikonstans mwen yo. Amèn."

Deklarasyon

- "Nan non Jezi, laperèz dwe bese."

- "Nan non Jezi, maladi dwe kouri ale."

- "Nan non Jezi, tout plan lènmi an detwi."

2. San Jezi a: Redanmsyon ak Pwoteksyon

Lapriye

"Senyè Jezi, mwen sipliye san ou sou lavi m, lespri m, fanmi m, ak kay mwen. Mèsi paske san ou rachte m, netwaye m, epi pwoteje m. Se pou tout akizasyon lènmi an fèmen bouch li pa pouvwa san ou."

Deklarasyon

- "Pa san Jezi a, mwen rachte anba pouvwa peche a."

- "Pa san Jezi a, kay mwen an kouvri epi pwoteje."

- "Pa san Jezi a, tout malediksyon kase epi tout chenn detwi."

3. Deklare Travay Li Fini

Lapriyè:

"Senyè, mwen remèsye w paske sou kwa a Ou te deklare: 'Li fini.' Mwen mache nan viktwa sa a jodi a. Mwen rejte manti lènmi an epi mwen kanpe nan verite kiyès mwen ye nan Ou. Ban m fòs pou m deklare pwomès ou yo avèk kouraj."

Deklarasyon

- *"Mwen ranpòte laviktwa pa san Ti Mouton an ak pawòl temwayaj mwen an (Revelasyon 12:11)."*

- *"Mwen padone, mwen lib, epi mwen viktorye nan Kris la."*

- *"Lènmi an bat—Jezi ap renye pou tout tan."*

Rezime

- **Non Jezi** a libere otorite diven nan syèl la, sou tè a, ak sou fènwa.

- **San Jezi** a rachte, pirifye, epi pwoteje kwayan yo.

- **Deklarasyon travay li fini** an se fason kretyen yo mache aktivman nan viktwa.

Tematik ki abòde yo

- Egzaltasyon non Jezi a pi wo pase tout non (Filipyen 2:9-10).

- Otorite nan lagè espirityèl atravè non Jezi (Lik 10:17; Travay Apot yo 3:6).

- San Jezi a kòm fondasyon redanmsyon ak pirifikasyon (Ebre 9:14; 1 Jan 1:7).

- Pouvwa pwoteksyon san an, ki fè eko Pak la (Egzòd 12:13).

- Fè silans akizasyon lènmi an atravè san Ti Mouton an (Revelasyon 12:11).

- Deklare travay Kris la fini nan lavi chak jou ak nan batay yo.

- Kijan pou "plede san an" biblikman ak efektivman.

- Simonte laperèz, kilpabilite, ak opresyon atravè non ak san Jezi.

- Lyen ki genyen ant temwayaj, deklarasyon, ak viktwa.

- Priyè ak deklarasyon pratik pou lagè, pwoteksyon, ak pwogrè.

- Viv yon vi ki gen konfyans nan viktwa Kris la.

Chapit 10:
Konpwann Enfliyans Demonyak

Vèsè Kle yo

- *2 Korentyen 10:4—"Nou pa sèvi ak zam lèzòm fè. Puisans zam nou yo soti nan Bondye, epi y ap detwi tout kote lènmi an genyen pou fè l kwè li an sekirite. N ap detwi move rezònman lèzòm ap fè."*

- *Efezyen 6:12—"Paske nou nan yon batay, epi se pa avèk moun parèy nou n ap goumen. Men, n ap goumen kont yon kolonn chèf, pouvwa, ak otorite k ap gouvène lemonn ki limenm nan fènwa. N ap goumen kont yon bann move lespri envizib ki nan syèl yo."*

- *2 Korentyen 2:11—"Mwen fè l kon sa pou Satan pa jwenn okenn avantaj sou nou. Nou konnen byen ki plan li genyen."*

Apèsi sou sijè a

Nou dwe vijilan sou enfliyans lènmi an, men nou pa dwe pè. Disènman enpòtan. Konprann kijan lènmi an fonksyone ede nou disène epi simonte taktik li yo. Se pa tout defi ki soti nan demonyak, men anpil batay espirityèl vin pi grav akòz opozisyon envizib. Rekonèt siy ak rasin opresyon demonyak ak fòtrès enpòtan anpil nan lagè espirityèl.

Etid apwofondi

1. Siy Opresyon Demonyak

Opresyon demonyak refere a presyon ekstèn oswa arasman nan men lespri demonyak. Sa pa vle di yon moun posede men ke yo anba enfliyans.

Siy Komen yo

- Laperèz, depresyon, oswa dezespwa san rete

- Konpòtman peche oswa dejwe ki repete malgre repantans

- Tande panse akizasyon, kondanasyon, oswa blasfèm

- Konfizyon konstan oswa difikilte pou konsantre sou bagay espirityèl

- Maladi san eksplikasyon oswa fatig kwonik san kòz medikal

Egzanp: Yon fanm fè eksperyans enkyetid entans sèlman lè l ap eseye ale legliz oswa priye. Apre ministè lapriyè ak delivrans, laperèz la disparèt, sa revele opresyon demonyak ki vize lavi espirityèl li.

2. Fòtrès Espirityèl ak Esklavaj

Yon fòtrès se yon mantalite oswa yon sistèm kwayans ki opoze verite Bondye a epi ki bay lènmi an yon pye.

Kòz Rasin Fòterès yo

- Chòk oswa abi

- Manti yo kwè sou pwòp tèt yo oswa sou Bondye

- Peche repetitif oswa malediksyon jenerasyonèl

Egzanp Biblik

- Izrayelit yo te pè jeyan yo nan Kanaran malgre pwomès Bondye yo (Nonb 13:33).

Laperèz yo te vin tounen yon fòtrès mantal ki te retade viktwa yo.

Konsèy pratik

- Idantifye manti ou kwè yo (pa egzanp, "Mwen p'ap janm chanje") epi ranplase yo ak verite a (pa egzanp, "Mwen se yon nouvo kreyasyon" (2 Korentyen 5:17).

- Chak jou deklare verite Bondye a sou panse ou yo.

- Antoure tèt ou ak kwayan ki gen rasin espirityèl ki ka ede ou disène epi rete fèm.

3. Enfliyans nan panse, emosyon ak konpòtman

Souvan, lènmi an vize lespri a an premye, li plante manti, dout oswa
tantasyon. Lè sa yo pran rasin, yo ka enfliyanse emosyon epi mennen nan
konpòtman destriktif.

Pwogresyon enfliyans

1. **Panse**: "Bondye pa tande priyè mwen yo."

2. **Emosyon**: Dezespwa oswa anmè

3. **Konpòtman**: Retrè nan lapriyè ak kominyon

Women 12:2 mande nou pou nou transfòme tèt nou lè nou renouvle
lespri nou ak Pawòl Bondye a.

Vèsè kle pou memorize

- 2 Korentyen 10:4–5

- Efezyen 6:12

- Women 12:2

- Jan 8:32

Kesyon refleksyon

- Èske ou te remake modèl atak espirityèl nan panse ou yo oubyen
  emosyon?

....

....

....

- Ki manti ki ta ka dèyè nenpòt gwo fò nan lavi ou?

....

....

....

....

- Kijan ou ka mande Sentespri a pou l revele nenpòt zòn nan lavi ou kote fènwa ka kache?

....

....

....

....

- Poukisa li enpòtan pou nou rekonèt sa nou pa ka konbat, e kijan konsyans pote limyè verite Bondye a?

....

....

....

....

Kijan verite ke

- Kijan verite ke Jezi te vini pou detwi travay dyab la (1 Jan 3:8) aplike pou libere moun k ap sibi opresyon yo jodi a?

- Nan ki fason Sentespri a revele avèk dousè sa lènmi an ap eseye kenbe kache nan lavi ou?

Egzèsis

1. **Evalye tèt ou**: Idantifye nenpòt modèl emosyonèl oswa sik konpòtman ki ta ka lye ak opresyon oswa fòtrès.

2. **Ranplase mansonj pa Verite**: Ekri yon manti ou te kwè, epi ranplase li ak yon verite ki baze sou Lekriti yo.

3. **Jounal pou viv lib**: Kenbe yon jounal sèt jou kote ou mande Sentespri a pou montre ou nenpòt domèn kote libète nesesè.

Kesyon Diskisyon

- Ki kèk siy avètisman enfliyans demonyak nan lavi yon kwayan?

- Kijan nou ka idantifye diferans ki genyen ant lit natirèl ak opresyon espirityèl?

- Poukisa renouvle lespri a enpòtan pou kraze fòtrès?

Gid Priyè

- Priyè Delivrans ak Disènman: "Papa ki nan syèl la, ouvri je m sou nenpòt domèn kote mwen te pèmèt lènmi an antre. Devwale chak fòtrès epi ranplase li ak verite ou. Mwen resevwa libète ou atravè Jezikri epi mwen deklare ke okenn zam ki fòme kont mwen p ap pwospere. Nan non Jezi, Amèn."

Tematik ki abòde yo

- Siy opresyon demonyak

- Fòtrès espirityèl ak esklavaj

- Enfliyans nan panse, emosyon, ak konpòtman

Chapit 11:
Prensip Delivrans

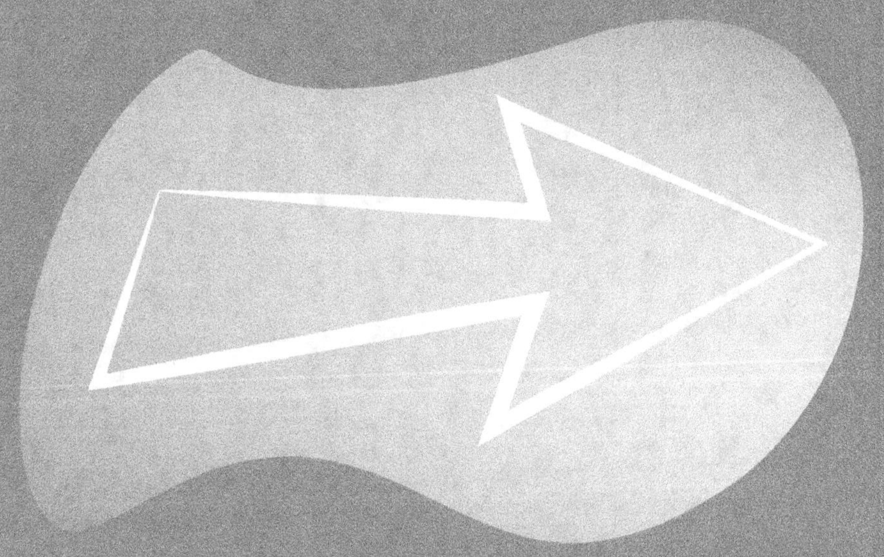

Vèsè kle yo

- *Lik 4:18—"Li chwazi m pou m anonse pòv yo bòn nouvèl la..."*

- *Mak 16:17—"Men siy ki ap akonpanye moun ki kwè yo: Y ap sèvi ak non mwen pou chase demon..."*

Apèsi sou sijè a

Delivrans se yon ministè lanmou, libète, konpasyon, ak restorasyon. Li konsène libere prizonye yo atravè otorite Jezi. Se pwosesis kote moun yo libere anba opresyon, esklavaj, oswa enfliyans demonyak. Jezi te chase demon regilyèman e li te bay Legliz li a otorite pou fè menm bagay la. Chapit sa a eksplore egzanp biblik, siy ki montre yon moun ka bezwen delivrans, move konsepsyon komen, ak kijan pou abòde delivrans nan yon fason ki an sekirite, santre sou Kris la.

Etid apwofondi

1. Egzanp biblik sou delivrans

- **Mak 5:1–20**—Nonm ki te gen yon lejyon demon nan rejyon Jerazenyen yo. Apre Jezi te fin chase demon yo, yo te jwenn nonm nan abiye e nan bon sans li.

- **Lik 13:10–17**—Jezi te delivre yon fanm ki te koube pandan dizwitan, ke yo dekri kòm "mare pa Satan," nan yon sinagòg.

- **Travay Apot yo 16:16–18**—Pòl te chase yon lespri divinasyon ki te sou yon tifi esklav ki t ap sibi eksplwatasyon.

Konsèy pratik: Delivrans te yon pati nòmal nan ministè Jezi a epi li te kontinye nan premye Legliz la. Nou dwe reprann li kòm yon ministè konpasyon ak disènman jodi a.

2. Siy ki montre yon moun ka bezwen delivrans

Delivrans pa sèlman pou moun ki gen move lespri sou yo, men tou pou moun ki ap sibi opresyon yo. Kèk siy yo enkli:

- Panse touman pèsistan (sitou swisid oswa vyolan)

- Anvi enkontwolab, sitou ak peche (pa egzanp, imoralite seksyèl, raj, abi sibstans)

- Reyaksyon kò dwòl pandan lapriyè (kriye, konvulsion, elatriye)

- Rayisman pou Bondye, Bib la, oswa adorasyon san eksplikasyon

- Modèl destriksyon oswa enplikasyon okilt atravè jenerasyon yo

Egzanp: Yon nonm ki t ap lite ak pònografi pandan plizyè ane te pase nan konsèy ak lapriyè, men pa gen anyen ki te chanje. Pandan yon sesyon delivrans, yo te dekouvri yon lespri lanvi epi yo te chase l, sa ki te mennen l nan yon nouvo libète.

3. Move Konsepsyon Sou Delivrans

- **Mit: Se sèlman moun ki pa kretyen ki ka gen demon.
  Verite: Pandan ke kretyen yo pa ka *posede* (posede),
  yo ka *oprime* oswa enfliyanse nan lespri, kò, oswa
  emosyon.**

- **Mit: Delivrans se dramatik oswa efreyan.
  Verite: Gen kèk delivrans ki trankil ak lapè. Gen lòt ki
  ka entans men yo pa pou nou pè.**

- **Mit: Delivrans se yon solisyon yon sèl fwa.
  Verite: Delivrans ka enstantane oswa pwogresif.
  Kenbe libète mande disip, renouvle lespri a, ak rete nan
  kominote a.**

4. Etap debaz pou administre oswa resevwa delivrans

1. Konfesyon ak Repantans—Rekonèt nenpòt peche, padon, oswa enplikasyon okilt.

1 Jan 1:9— "Si nou konfese peche nou yo bay Bondye, li fidèl epi li dwat, l ap padone nou..."

2. Renonsiyasyon—Rejte vèbalman manti, peche, oswa lyen okilt.

Egzanp: "Mwen renonse tout akò mwen te fè ak laperèz, lanvi, maji, elatriye."

3. Bay Lespri yo lòd pou yo ale—Nan non Jezi, pa avèk pwòp pouvwa ou.

Egzanp: "Nan non Jezi, mwen bay tout lespri sal lòd pou yo kite m kounye a."

4. Ranpli espas vid la—Mande Sentespri a pou l ranpli chak zòn epi envite verite Bondye a rete la.

Matye 12:43–45 avèti sou lespri sal k ap retounen nan yon kay vid.

5. Swiv ak Disip—Konekte moun nan ak swen pastoral, etid biblik, ak responsablite.

Konsèy pratik: Delivrans ta dwe toujou santre sou Kris la, gide pa Lespri a, epi anrasinen nan lanmou—pa laperèz oswa ògèy.

Vèsè kle pou memorize

- Lik 4:18

- Mak 16:17

- 1 Jan 1:9

- Matye 12:43–45

Kesyon refleksyon

- Èske ou menm oswa yon moun ou konnen te montre siy opresyon demonyak?

- Ki aspè nan lavi ou ki ta ka bezwen gerizon ak libète?

- Èske ou ouvè pou Sentespri a k ap mennen ou nan yon libète ki pi pwofon nan Kris la?

- Èske ou menm oswa yon moun ou konnen te fè eksperyans esklavaj espirityèl, e kijan ou ka mande Bondye pou gide ou nan gerizon ak libète?

- Kijan konpreyansyon ke delivrans se yon zak lanmou ak mizèrikòd, olye de laperèz, chanje fason ou abòde li?

- Poukisa libète konsidere kòm yon pwosesis, e kijan delivrans atravè yon sèl rankont kontinye atravè disip?

- Nan ki fason verite ke Jezi te vini pou detwi tout travay lènmi an montre ke libète ou se volonte Li?

....

....

....

....

....

Egzèsis

1. **Refleksyon sou Libète:** Ekri nan yon jounal sou nenpòt domèn kote ou santi ou mare oswa toumante. Pote sa devan Bondye.

2. **Etap Liberasyon:** Ekri yon priyè repantans ak renonsiyasyon ki adapte ak sitiyasyon ou.

3. **Plan Libète:** Kreye yon plan swivi ak Lekriti Sent yo, kominote a, ak disiplin espirityèl yo.

Kesyon Diskisyon

- Ki laperèz oswa mit ou te tande sou delivrans?

- Ki jan delivrans biblik la ye konpare ak pòtre Hollywood yo?

- Poukisa li enpòtan pou konbine delivrans ak disip ak sipò?

Gid Priyè

- **Priyè Delivrans ak Netwayaj Espirityèl:** "Jezi, ou te vini
  pou libere m. Mwen konfese tout peche, mwen renonse tout akò ak
  fènwa, epi mwen resevwa delivrans ou. Ranpli m ak Sentespri ou.
  Pwoteje lespri mwen, kò mwen ak nanm mwen, epi ede m mache
  nan verite chak jou. Nan non puisan ou mwen priye, Amèn."

Tematik ki abòde yo

- Egzanp biblik sou delivrans

- Siy ki montre yon moun ka bezwen delivrans

- Move konsepsyon sou delivrans

- Etap debaz pou administre oswa resevwa delivrans

Chapit 12:
Mache an tout libète

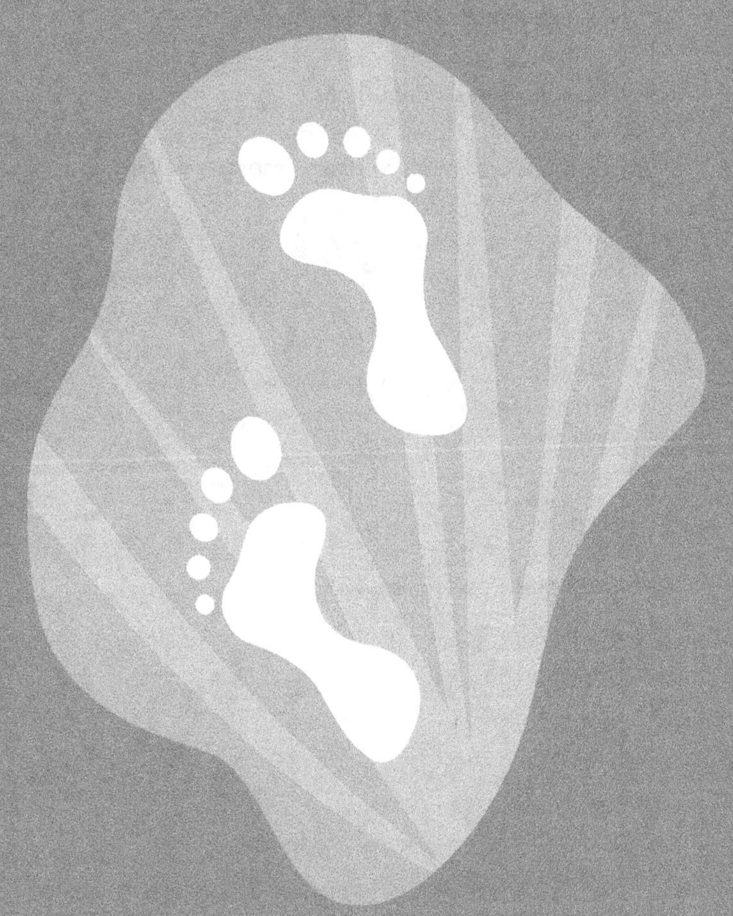

Vèsè Kle yo

- *Galat 5:1 — "Se pou libète Kris la delivre nou. Se poutèt sa, rete fèm, epi pa kite yo mete sou nou ankò jouk esklavaj."*

- *Women 12:2 — "Pa pran fòm mond sa a, men kite Bondye transfòme nou pa renouvèlman lespri nou."*

Apèsi sou sijè a

Delivrans se pa fen a; se kòmansman yon vi nan libète. Mache nan libète vle di kenbe viktwa a atravè disiplin espirityèl chak jou. Pou konsève libète, fòk nou fè sa ak entansyon. Nan chapit sa a, n ap aprann kijan pou kase sik peche ak tantasyon, rete plen ak Lespri Sen an, renouvle lespri nou, epi rete responsab nan yon kominote ki gen krentif pou Bondye.

Etid apwofondi

1. Kase Sik Peche ak Tantasyon

Sik peche yo souvan gen rasin espirityèl, emosyonèl, ak abitid. Pou kase yo, fòk nou idantifye sa ki deklanche yo, repanti, pratike disiplin espirityèl, epi ranplase manti ak verite Bondye.

Egzanp: Yon nonm ki t ap retounen sou bwason alkòl souvan te vin konprann modèl li a te lye ak estrès ak solitid. Atravè lapriyè, konsèy, ak ranplase izolman ak zanmi ki gen lafwa, sik la te kase.

Konsèy Pratik

- Rekonèt modèl ou yo ak sa ki deklanche yo.

- Ranplase tantasyon ak disiplin espirityèl — lapriyè, adorasyon, Pawòl Bondye.

- Itilize patnè responsablite pou konfese ak priye regilyèman (Jak 5:16).

2. Rete Plen ak Lespri Sen

Libète dwe ranpli ak prezans Bondye. Lè w plen ak Lespri Sen an, sa ba ou pouvwa pou reziste tantasyon epi viv nan viktwa.

- **Efezyen 5:18 —** "Se pou nou toujou plen ak Lespri a."

- **Galat 5:16 —** "Mache selon Lespri a, epi nou p ap satisfè dezi lachè a."

Konsèy Pratik

- Mande Lespri Sen an pou ranpli ou chak jou.

- Pratike lapriyè kote w koute Bondye, pale an lang (si w gen don an), epi abandone tèt ou nèt bay Li.

3. Renouvle Lespri

Libète kòmanse nan lespri a. Sa ou panse ap fòme fason ou viv.

- **2 Korentyen 10:5 —** *"Nou pran tout panse prizonye pou fè yo obeyi Kris la."*

Egzanp: Yon fanm ki te delivre anba laperèz te kòmanse deklare vèsè tankou Sòm 27 ak Ezayi 41:10 chak maten. Mantalite li te chanje, epi laperèz te pèdi pouvwa li sou li.

Konsèy Pratik

- Medite sou verite Bondye chak jou.

- Ekri manti ou te kwè yo, epi ekri verite Bondye an fas yo.

4. Responsabilte Kominote

Izolman se yon pèlen lènmi an. Bondye sèvi ak kominote pou pwoteje nou epi ede nou grandi.

- **Ebre 10:24-25 —** *"Pa sispann reyini ansanm... men ankouraje youn lòt."*

Konsèy Pratik

- Antre nan yon ti gwoup oswa etid biblik.

- Rankontre regilyèman ak yon kwayan ki gen matirite pou lapriyè ak ankourajman.

- Fè onèt sou lit ou yo nan espas ki an sekirite.

Vèsè pou Mémorize

- Galat 5:1

- Women 12:2

- 2 Korentyen 10:5

- Ebre 10:25

Kesyon Refleksyon

- Èske gen sik ou bezwen kase ak èd Lespri Sen an ak moun ou fè konfyans? Kijan ou ka renouvle lespri ou epi pwoteje libète ou?

- Ki etap pratik ou ka pran semèn sa a pou konsève libète espirityèl ou?

  ....

  ....

  ....

  ....

- Kijan abandone tèt ou chak jou ak bon abitid ka ede w kenbe libète ou?

  ....

  ....

  ....

  ....

- Poukisa izolman danjere, epi kijan mache nan kominote ede kwasans espirityèl?

  ....

  ....

  ....

  ....

- Nan ki fason lespri a se yon chan batay, epi kijan renouvèlman lespri a sèvi kòm defans ak atak?

Egzèsis

1. **Jounal Tantasyon:** Idantifye zòn kote ou tante plis. Ekri modèl yo ak viktwa ou yo.

2. **Plan Renouvèlman Lespri:** Chwazi twa vèsè ki pale ak lit ou, epi angaje w pou memorize yo.

3. **Verifikasyon Responsablite:** Kontakte yon kwayan ou fè konfyans epi envite l fè suiv regilye pou ankourajman ak sipò.

Kesyon Diskisyon

- Ki etap pratik ki te ede w simonte modèl peche?

- Kijan ou rete plen ak Lespri Sen an nan lavi chak jou?

- Poukisa kominote esansyèl pou kwasans espirityèl ak libète?

Gid Lapriyè

- **Lapriyè Rekonesans ak Kwasans Espirityèl:** "Seyè, mèsi paske Ou delivre m. Ede m mache chak jou nan libète sa a san m pa retounen nan ansyen chemen yo. Ranpli m ankò ak Lespri Sen Ou, renouvle lespri mwen ak verite Ou, epi antoure m ak yon kominote ki gen krentif pou Ou ki ap bati m. Mwen chwazi viv kòm yon nouvo kreyati nan Ou. Nan non Jezi, Amèn."

Tematik ki abòde yo

- Kase sik peche ak tantasyon

- Rete plen ak Lespri Sen an

- Renouvle lespri a

- Responsablite ak kominote

Chapit 13:
Kiltive Disènman

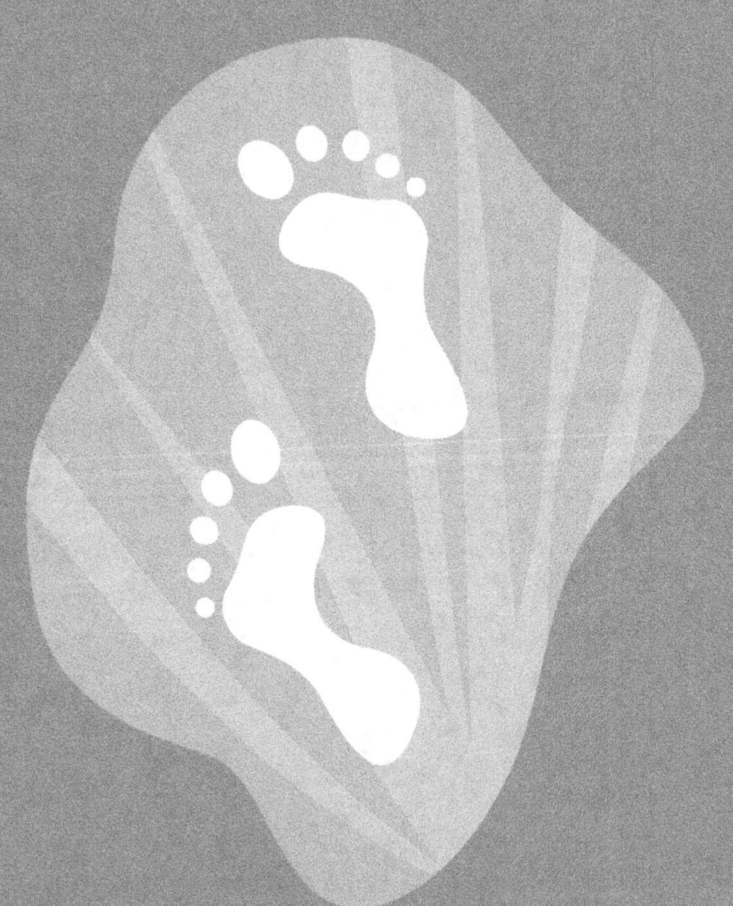

Vèsè kle yo

Ebre 5:14—"Men, manje solid se pou moun ki gen matirite, ki abitye sèvi ak bagay yo pou yo distenge byen ak mal."

1 Jan 4:1—"Zanmi mwen yo, pa kwè tout lespri. Men, sonde lespri yo pou wè si yo soti nan Bondye..."

Jan 16:13—"Men, lè Lespri verite a vini, la mennen nou nan tout verite a."

Apèsi sou sijè a

Disènman espirityèl esansyèl pou rekonèt sa ki soti nan Bondye, sa ki soti nan lachè, ak sa ki soti nan lènmi an. Li ede kwayan yo distenge verite a ak erè epi mache avèk sajès nan yon mond ki plen twonpri. Vrè disènman soti nan Sentespri a epi li pwoteje atmosfè espirityèl nou an. Nan chapit sa a, nou eksplore kijan pou nou mache nan disènman, pa nan sispèk; konte sou gidans Sentespri a; epi pwoteje atmosfè espirityèl ki antoure nou an.

Etid apwofondi

1. Diferans Ant Sispèk ak Disènman

Sispèk gen rasin li nan laperèz, kontwòl, oswa blesi sot pase yo; li mennen nan jijman san prèv. Disènman se yon konpreyansyon espirityèl Sentespri a bay.

Egzanp: Yon moun ka santi l malalèz bò kote yon moun epi imedyatman sipoze li te fè yon bagay ki mal. Sa se sispèk. Disènman, okontrè, ka santi yon bagay ki pa bon pou sante espirityèlman, sa ki mennen nan lapriyè oswa kesyon dou olye de akizasyon.

Konsèy pratik

- Mande: Èske reyaksyon mwen baze sou laperèz oswa èske se Lespri a ki gide m?

- Vrè disènman toujou aliyen ak lanmou ak verite (1 Korentyen 13).

2. Wòl Sentespri a

Sentespri a se konpa entèn kwayan an. Li revele verite a, li ekspoze erè, epi li pwoteje nou kont twonpri.

- Jan 16:13—Lespri a gide nou nan tout verite a.

- 1 Korentyen 2:14—Verite espirityèl yo disène espirityèlman.

Konsèy pratik

- Kiltive entimite avèk Sentespri a atravè lapriyè ak adorasyon.

- Fè temwayaj enteryè a ak lapè (oswa mank lapè) Li bay la konfyan

3. Teste Lespri yo (1 Jan 4:1)

Se pa tout aktivite sinatirèl ki soti nan Bondye. Nou gen misyon pou teste lespri yo.

Tès pou Aplike

- Doktrin Kris la—Èske lespri a konfese Jezi kòm Senyè ak Mesi? (1 Jan 4:2–3)

- Fwi Lespri a—Èske gen lanmou, lapè, imilite, oubyen manipilasyon, laperèz, ak ògèy?

- Aliyman ak Bib la—Èske mesaj la aliyen ak Pawòl Bondye a?

Egzanp: Yon pwofesi ka sanble egzat men li dwe toujou jije dapre Bib la ak fwi li yo.

4. Pwoteje Atmosfè Espirityèl ou

Anviwònman ki antoure w la afekte lespri w. Pwoteje sa w pèmèt antre lakay ou, nan lespri w, ak nan relasyon w yo.

Konsèy Pratik

- Evalye medya, mizik, ak mesaj ou konsome yo.

- Wenti kay ou ak lwil epi deklare li kòm yon kote pou Bondye rete.

- Kenbe mizik adorasyon ak lekti Bib la kòm yon pati nan woutin ou.

Egzanp: Yon fanmi te remake yon ogmantasyon tansyon ak move rèv nan kay yo. Lè yo te retire liv okiltis yo epi yo te priye nan chak chanm, lapè te retounen.

Vèsè kle pou memorize

- 1 Jan 4:1

- Jan 16:13

- 1 Korentyen 2:14

- Women 8:6

Kesyon refleksyon

- Èske w ap grandi nan disènman oswa w ap reyaji avèk sispèk?

....

....

....

- Kijan ou ka pi byen pwoteje kay ou ak kè ou kont twonpri espirityèl?

- Kijan nou ka kiltive disènman, e ki wòl entimite avèk Bondye jwe nan kwasans li?

- Poukisa li enpòtan pou nou teste eksperyans espirityèl yo, e kijan sajès ka ede nou disène si yo soti nan Bondye?

- Nan ki fason ou ka pwoteje atmosfè espirityèl ou a avèk vijilans ak entansyon?

....

....

....

....

....

Egzèsis

1. Jounal Disènman: Reflechi sou yon desizyon pase—èske se te disènman oswa sispèk? Ki fwi a te bay?

2. Pratik Tès Lespri: Pran yon ansèyman espirityèl aktyèl oswa yon enfliyans epi teste l avèk Lekriti Sent yo.

3. Odit Atmosfè: Lis tout sa ki enfliyanse kè w chak jou (mizik, medya, moun). Mande Bondye sa ki bezwen rete oswa ale.

Kesyon Diskisyon

- Kijan ou ka fè diferans ant sispèk imen ak disènman espirityèl?

- Ki wòl Lekriti Sent yo jwe nan pwosesis disènman ou an?

- Kijan ou kiltive yon atmosfè ki an sante espirityèlman lakay ou ak nan kè w?

Gid Priyè

- Priyè pou Disènman ak Gidans Espirityèl: "Sentespri, mwen mande w pou w file disènman mwen. Anseye m rekonèt sa ki soti nan Ou ak sa ki pa soti. Ede m mache nan verite a, teste tout bagay pa Pawòl Ou a, epi veye pòtay espirityèl kè mwen yo. Kenbe m sansib a vwa Ou epi anrasinen nan sajès. Nan non Jezi, Amèn."

Tematik ki abòde yo

- Diferans ant sispèk ak disènman

- Wòl Sentespri a

- Teste lespri yo (1 Jan 4:1)

- Pwoteje atmosfè espirityèl ou a

Chapit 14:
Pwoteje Kay ou ak Fanmi w

Vèsè Kle Yo

- *Jozye 24:15— "Men, pou mwen menm ansanm ak tout moun lakay mwen, se Seye a n'ap sevi."*

- *Pwoveb 24:3–4— "Bon konprann ap fe kay ou kanpe. Bon konesansap fel' kanpe fem; Kote ki gen konesans, pyes kay yo plen ak bon bagay ki koute che."*

Apèsi sou sijè a

Kay la sipoze yon refij lapè, sekirite, ak kwasans espirityèl. Antanke lidè espirityèl ak jeran, nou dwe pwoteje kay nou yo ak fanmi nou yo kont konpwomi espirityèl. Chapit sa a konsantre sou kreye yon atmosfè santre sou Kris la, idantifye pòt ouvè pou lènmi an, epi etabli lapriyè ak adorasyon kòm poto mitan nan kay la.

Etid apwofondi

1. Responsablite espirityèl nan kay la

Chak kwayan gen yon wòl pou l jwe nan bay fòm espirityèl kay la. Kit ou se yon paran, yon mari oswa yon madanm, yon frè oswa yon sè, oswa yon granmoun selibatè, angajman w pou onore Bondye nan espas ou a fè yon diferans

Konsèy Pratik

- Pran tan pou lapriyè ak devosyon an fanmi.

- Fikse limit sou sa w ap gade, sa w ap koute, ak sa w ap envite lakay ou.

Egzanp: Yon koup ki te remake pitit yo ap fè move rèv te kòmanse priye chak swa an fanmi, jwe mizik adorasyon, epi retire bagay ki fè nwa nan kay la. Lapè te retounen.

2. Idantifye epi Fèmen Pòt Espirityèl yo

Souvan, lènmi an ap chèche mwayen legal pou antre nan kay yo - cha-gren, objè mistik, peche moun ki pa repanti, oswa pwoblèm nan relasyon yo.

Lis verifikasyon pòt ki konn rete ouvè yo ki komen

- Mank padon oswa konfli kontinyèl

- Patisipasyon nan bagay okiltis (pa egzanp, oroskop, maji, kristal)

- Imoralite seksyèl oswa abi sibstans

- Mizik, fim, oswa jwèt ki gen tèm demonyak

Etap pou fèmen pòt yo

- Repanti pou nenpòt patisipasyon oswa akò avèk fènwa.

- Retire tout bagay ki gen rapò ak konpwomi espirityèl.

- Priye nan chak chanm lakay ou epi mete luil nan chak (Jak 5:14).

3. Etabli yon kilti adorasyon ak lapriyè

Lapriyè ak adorasyon envite prezans Bondye epi konstwi pwoteksyon espirityèl.

Fason pratik pou aplike

- Jwe mizik adorasyon chak jou.

- Deziyen yon espas pou lapriyè oubyen yon lotèl familyal.

- Deklare Ekriti Sent yo sou kay ou a (Sòm 91, Efezyen 6).

Egzanp: Yon vèv ki t ap viv poukont li te kenbe yon jounal lapriyè epi li te regilyèman mete luil sou kay li. Li te remake yon lespri lapè ak klète ki te rete malgre eprèv ekstèn yo.

4. Anseye ak Bay Timoun yo Modèl Lafwa

Timoun yo aprann plis nan sa nou montre pase nan sa nou di. Elve timoun ki konsyan espirityèlman vle di anseye yo priye, disène, epi bay Pawòl Bondye a valè.

Deteronom 6:6-7— *"Pa janm bliye Komandman sa yo.... N'a montre yo bay pitit nou yo. N'a repete yo nan zorey yo, kit nou chita lakay nou, kit n'ap mache sou granchemen, kit nou kouche nan kabann nou, kit nou kanpe ap travay."*

Konsèy Pratik

- Priye avèk epi pou pitit ou yo chak jou.

- Ankouraje konvèsasyon ouvè sou Bondye ak kesyon espirityèl yo.

- Enplike timoun yo nan aksyon adorasyon, sèvis, ak lekti Lekriti Sent yo.

Vèsè kle pou memorize

- Jozye 24:15

- Pwovèb 24:3–4

- Sòm 91:1–2

- Detewonòm 6:6–7

Kesyon Refleksyon

- Ki kalite atmosfè espirityèl ki egziste lakay ou?

- Èske gen domèn kote konpwomi anvayi kay la?

- Ki etap ou ka pran jodi a pou pwoteje epi konsakre kay ou bay
Senyè a?

Kijan ranpli kay ou ak prezans Bondye ka fè l tounen yon kote lapè, pwoteksyon ak kwasans?

Nan ki sans bagay ki antre lakay ou—pa mwayen amizman, langaj, oswa konpòtman—gen enpak sou ou espirityèlman?

Poukisa yo konsidere kay ou kòm premye ministè ou, e kijan ou ka bati l sou Wòch la?

Egzèsis

1. **Egzamen lavi espirityèl ou:** Egzamine kay ou a pou wè si
   gen nenpòt bagay ki ka konpwomèt ou espirityèlman (liv, emisyon,
   mizik, objè). Retire tout bagay ki pa onore Bondye.

2. **Lotèl Fanmi an:** Fikse yon lè pou adorasyon ak lapriyè an fanmi
   chak jou oswa chak semèn.

3. **Lèt Eritaj:** Ekri yon lèt lafwa ak benediksyon pou pitit ou yo oswa
   manm fanmi ou yo, pou deklare pwomès Bondye sou lavi yo.

Kesyon Diskisyon

- Ki enfliyans k ap fòme kay ou espirityèlman?

- Kijan ou ka montre Kris la kòm modèl pou fanmi ou?

- Ki yon domèn kote kay ou a ka grandi espirityèlman semèn sa a

Gid lapriyè

Priyè pou Dedikasyon Kay la ak Lidèchip Espirityèl: "Senyè,
mwen dedye kay mwen ba ou. Netwaye l de tout sa ki opoze ak Lespri ou.
Ede m dirije avèk lanmou, imilite ak lafwa. Kite kay nou an tounen yon kote
prezans ak puisans ou. Anseye m pou m pwoteje atmosfè espirityèl la epi
byen disipline fanmi mwen. Nan non Jezi, Amèn."

Tematik ki abòde yo

- Responsablite espirityèl lakay la

- Idantifye epi fèmen pòtay espirityèl yo

- Etabli yon kilti adorasyon ak lapriyè

- Anseye ak bay timoun yo egzanp lafwa

Chapit 15:
Vijilans ak konba nan lavi chak jou

Vèsè kle yo

- *1 Pyè 5:8—"Kenbe tèt nou anplas, rete sou prigad nou. Paske dyab la, lènmi nou an, ap veye nou tankou yon lyon ki move, k'ap chache moun pou l' devore."*

- *Efezyen 6:18—"Pandan n'ap fè tou sa, pa janm bliye lapriyè. Mande Bondye konkou li. Lapriyè nan tout sikonstans avèk pouvwa Sentespri a. Se poutèt sa, pa kite dòmi pran nou, kenbe fèm nan sa n'ap fè a. Lapriyè pou tout pèp Bondye a...."*

Apèsi sou sijè a

Batay espirityèl la se pa sèlman yon batay okazyonèl; se yon vi vijilans, lapriyè, ak yon vi entansyonèl. Chapit sa a ekipe kwayan yo pou yo rete vijilan espirityèlman nan lavi chak jou, pou idantifye atak sibtil yo epi rete ankre nan Kris la atravè disiplin routin ak preparasyon.

Etid apwofondi

1. Viv yon Vi Vijilans

Vijilans se yon pozisyon espirityèl. Sa vle di rete vijilan sou plan lènmi an pandan w ankre nan lapè Bondye a.

Konsèy Pratik

- Kòmanse chak jou avèk lapriyè ak aliyman espirityèl.

- Fè atansyon ak chanjman nan atmosfè espirityèl la—laperèz toudenkou, konfli, oswa tantasyon ka endikatè.

Egzanp: Yon fanm ta santi yon dekourajman akablan chak fwa li ta prepare pou l evanjelize. Lè l te rekonèt li kòm yon modèl opozisyon espirityèl, li te konbat li avèk lwanj ak kouraj.

2. Rekonèt Atak Espirityèl Sibtil yo

Se pa tout atak ki dramatik—anpil ladan yo kache kòm distraksyon, ofans, oswa fatig emosyonèl.

Atak Envizib Komen yo

- Fatig emosyonèl ki pran distans ou ak lapriyè

- Orè chaje ki anpeche w konsantre espirityèlman

- Iritabilite oswa ofans ki domaje relasyon yo

Estrateji pou kraze plan advèsè a

- Pwoteje tan ou avèk Bondye tankou yon trezò.

- Pa inyore ti drapo wouj espirityèl yo—adrese yo byen bonè avèk lapriyè.

3. Disiplin chak jou pou fòs espirityèl

Pou genyen batay yo, kòmanse avèk ritm chak jou ki solid.

Abitid chak jou

- **Lapriyè ak Lekti Labib:** Aliyen lespri w ak nanm ou avèk verite a.

- **Adorasyon:** Leve lespri w epi envite prezans Bondye.

- **Jounal rekonesans:** Kenbe kè w ankre nan lafwa.

Egzanp: Yon papa te ekri twa bagay li te rekonesan pou yo chak jou. Sa te ede l rete espere menm lè l t ap fè fas ak presyon finansye.

4. Kenbe Zam Bondye a Sou Ou

Efezyen 6 raple nou pou nou "mete" tout zam la sou nou—pa detanzantan, men chak jou.

Konsèy Pratik

- Priye vèbalman pou chak moso zam nan maten (Efezyen 6:10–18).

- Anseye pitit ou yo oswa mari oswa madanm ou pou yo fè menm jan an tou. Sa ankouraje inite ak defans.

Egzanp Priyè: "Senyè, mwen mete senti verite a, plak pwotèj jistis la, soulye lapè yo, boukliye lafwa a, kas delivrans lan, epi mwen pran nepe Lespri a. Mwen kanpe fèm jodi a nan ou."

Vèsè Kle pou Memorize

- 1 Pyè 5:8

- Efezyen 6:18

- Kolosyen 4:2

- Jak 4:7

Kesyon Refleksyon

- Èske w vijilan sou taktik lènmi an nan lavi chak jou w? Vijilans nan Lespri a pwoteje nou kont pyèj nou pa t wè vini.

....

....

....

- Kijan ou ka kiltive disiplin espirityèl ak atansyon nan fason pratik?

....

....

....

....

....

- Kijan konsistans nan disiplin espirityèl ede bati rezistans kont konplo lènmi an?

....

....

....

....

- Kisa sa vle di pou "viv ak zam ou sou ou" lè w chwazi Kris chak jou nan panse w, nan pawòl ou, ak nan aksyon w?

....

....

....

....

Egzèsis

1. **Jounal Disènman**: Reflechi chak swa pandan yon semèn—èske te gen atak sibtil (pa egzanp, dekourajman, distraksyon, konfizyon)? Ki jan ou te reyaji?

2. **Lis Verifikasyon Zam**: Kreye yon tablo vizyèl zam Bondye a epi angaje w pou medite sou yon moso chak jou pandan yon semèn.

3. **Plan Fòs Espirityèl**: Fikse objektif chak jou pou lekti Labib, tan lapriyè, ak joual rekonesans. Swiv konsistans ou.

Kesyon Diskisyon

- Ki jan viv "avèk vijilans" ye nan lavi chak jou?

- Kijan nou ka detekte atak sibtil anvan yo pran rasin?

- Ki disiplin espirityèl ou gen plis difikilte avèk li—e poukisa?

Gid Priyè

Priyè pou Vijilans Espirityèl ak Lagè: "Senyè, ede m rete vijilan espirityèlman epi okouran de konplo lènmi an. Ranfòse m atravè Pawòl ou, lapriyè, ak obeyisans fidèl. Kite m pa janm vin angoudi oswa konplis nan mache mwen avèk ou. Ekipe m chak jou ak zam ou, epi ede m viv yon lavi ki onore epi glorifye ou. Nan non Jezi, Amèn."

Tematik ki abòde yo

- Viv yon lavi vijilan
- Rekonèt atak espirityèl sibtil yo
- Disiplin chak jou pou fòs espirityèl
- Kenbe zam Bondye yo sou ou

Chapit 16:
Mete w prè pou chak konba Sezon yo

Vèsè kle yo

- *2 Timote 4:2–"Se pou nou toujou prè ni nan tout sikonstans : kit se nan bon tan, kit se move tan."*

- *Eklezyas 3:1–"Gen yon tan pou tout bagay, ak yon sezon pou chak aktivite anba syèl la."*

Apèsi sou sijè a

Lagè espirityèl pa pran poz ak sezon lavi yo. Kit ou nan yon tan rekòt oswa nan difikilte, lènmi an toujou ap chèche opòtinite. Chapit sa a ap ede w rekonèt chanjman sezon yo nan lespri a, kenbe fòs ou, epi aplike estrateji pratik pou w rete pare espirityèlman nan nenpòt sikonstans.

Etid apwofondi

1 Rekonèt Sezon Espirityèl yo

Lavi gen ritm—menm jan an tou, domèn espirityèl la gen pa li. Diskènman ede nou konnen si nou nan yon tan plante, koupe, repo, oswa lagè.

Egzanp Sezon Espirityèl yo

- **Dezè** (tès): tankou Jezi nan Matye 4

- **Rekòt** (fè fwi): tankou Travay 2 apre Pannkot

- **Tranzisyon**: tankou Abraram k ap deplase al nan yon nouvo peyi (Jenèz 12)

Konsèy Pratik

Mande Seyè a pou revele w ki sezon espirityèl ou ye kounye a.

Ajiste atant ou ak konsantrasyon lapriyè ou selon sezon an.

2 Kenbe Vijilans nan Sezon Trankil yo

Pafwa lè lavi trankil, nou bese gad nou. Se nan moman sa yo nou dwe bati rezèv lafwa.

Egzanp: Yon manman te remake lè orè li te ralanti, li te pase mwens tan nan lapriyè. Pi ta, li te reyalize neglijans espirityèl sa a te rann li pi vilnerab pandan eprèv sanzatann.

Konsèy Pratik

- Rete fidèl nan lapriyè menm lè tout bagay ap mache byen.

- Pa konfonn fasilite ak absans lagè espirityèl.

3 Tire Fòs nan Sezon Batay Entans yo

Nan moman difisil, ou ka santi w vide espirityèlman. Men se nan moman sa yo ou dwe apiye w pi plis sou prezans Bondye.

Konsèy Pratik

- Jene epi priye jan Lespri a dirije w (Mak 9:29).

- Antoure tèt ou ak vwa ki gen krentif pou Bondye ak ankourajman pwofetik.

- Pwoklame pwomès Bondye yo byen fò chak jou.

Egzanp: Pandan yon sezon chomaj, yon nonm te mete Sòm 23 sou miray li epi li t ap li l byen fò chak maten. Sa te pote lapè pou li pandan ensètitid finansye a.

4 Prepare Davans pou Chanjman Espirityèl yo

Kwayan ki saj pa tann kriz pou prepare; li toujou rete ekipe.

Konsèy Pratik

- Kenbe yon joutal lapriyè pou note repons ak viktwa Bondye yo.

- Aprann pa kè vèsè kle pou lagè espirityèl (Efezyen 6, Sòm 91, Women 8).

- Revize regilyèman objektif ak disiplin espirityèl ou yo.

Vèsè kle pou memorize

- 2 Timote 4:2

- Eklezyas 3:1

- Mak 9:29

- Sòm 23:4

Kesyon pou Refleksyon

- Nan ki sezon espirityèl ou ye kounye a?

- Kijan ou ka rete vijilan ak ekipe kit ou nan abondans oswa nan advèsite?

- Kijan konpreyansyon ke se pa tout batay ki se pinisyon, men souvan preparasyon, ka chanje fason ou abòde defi yo?

- Nan ki fason Bondye sèvi ak chak sezon lavi pou transfòmasyon nou?

- pwofon nan lafwa ou?Poukisa sezon trankil yo enpòtan menm jan ak sezon tanpèt yo, epi kijan yo ede bati rasin ?

Egzèsis

1. Evalyasyon Sezon: Reflechi—Nan ki sezon espirityèl ou ye kounye a? Ekri siy ki montre sa.

2. Plan Preparasyon: Ki disiplin espirityèl ou ka ranfòse kounye a pou prepare w pou pwochen sezon an?

3. Liy Tan Temwayaj: Trase yon liy tan sezon espirityèl lavi ou. Make fwi ak leson chak sezon.

Kesyon Diskisyon

- Kijan ou konnen nan ki sezon espirityèl ou ye?

- Ki danje ki genyen lè w mal jije oswa reziste sezon ou ye a?

- Kijan nou ka soutni youn lòt pandan diferan sezon espirityèl yo?

Gid Priyè

"Papa, mèsi pou sezon espirityèl Ou òdone nan lavi mwen. Ede m disène sezon mwen ye kounye a epi reponn ak lafwa ak obeyisans. Nan sezon trankil yo, ede m grandi pi fon. Nan batay yo, ede m kanpe fèm. Prepare m pou tranzisyon k ap vini yo epi anseye m mache avèk Ou nan chak moman. Nan non Jezi, Amèn."

Tematik ki abòde yo

- Rekonèt sezon espirityèl yo

- Kenbe vijilans nan sezon trankil yo

- Tire fòs nan sezon batay entans yo

- Prepare davans pou chanjman espirityèl yo

Chapit 17:
Konba Espirityèl ak Sante Mantal

Vèsè kle yo

- *2 Korentyen 10:5—"Nou pran tout panse prizonye pou nou fè yo obeyi Kris la."*

- *Ezayi 26:3—"Ou pral kenbe moun ki gen lespri fèm nan lapè nèt, paske yo mete konfyans yo nan ou."*

Apèsi sou sijè a

Byennèt mantal ak emosyonèl pa separe de lagè espirityèl. Anpil kwayan ap lite an silans ak enkyetid, depresyon, laperèz, ak panse ki anvayi yo—tout bagay sa yo ka chan batay espirityèl. Lènmi an travay atravè twonpri, laperèz, ak manti pou kontwole panse ak konpòtman. Viktwa kòmanse ak renouvle lespri a, ranplase manti ak verite, epi aliyen ak Pawòl Bondye a. Chapit sa a eksplore kijan pou asosye ak verite Bondye a pou kenbe fòs mantal, lapè, ak klè nan mitan konfli espirityèl.

Etid apwofondi

Konprann Lespri a kòm yon chan batay

Souvan, se lespri a kote lagè espirityèl la kòmanse. Estrateji Satan an se enplante manti ak defòme pèsepsyon pou kenbe kwayan yo mare nan laperèz, wont, oswa dezespwa.

Konsèy pratik

- Rekonèt ke se pa tout panse ki pou ou—gen kèk ki soti nan men lènmi an.

- Mande: "Èske panse sa a bay lavi epi li aliyen ak Pawòl Bondye a?"

Egzanp: Yon nonm ki te toujou ap panse echèk te reyalize ke yo te kontredi Filipyen 1:6. Li te kòmanse pale vèsè sa a chak jou nan lavi li epi li te jwenn lapè k ap ogmante.

2. *Ranplase manti ak verite*

Transfòmasyon espirityèl rive lè verite pran plas manti.

Pwosesis Renouvèlman

- Idantifye manti a ("Mwen p ap janm chanje.")

- Rejte li nan lapriyè ("Nan non Jezi, mwen renonse manti sa a.")

- Ranplase li ak verite ("Mwen se yon nouvo kreyasyon nan Kris la" [2 Korentyen 5:17].)

Zouti

- Kat deklarasyon verite

- Afimasyon biblik

- Ekri panse ak repons nan jounal ou

3. *Kraze akò ak laperèz ak enkyetid*

Laperèz se youn nan zouti ki pi fò Satan itilize pou paralize kwayan yo. Enkyetid ka gen rasin li nan kòz fizyolojik ak espirityèl, men Bondye ofri lapè ki depase konpreyansyon.

Filipyen 4:6–7—"Pa enkyete nou pou anyen... epi lapè Bondye a... ap pwoteje kè nou ak lespri nou nan Kris Jezi."

Konsèy pratik

- Deklarasyon lapè chak jou (Ezayi 41:10, Sòm 23:4)

- Priyè souf: "Jezi, mwen fè w konfyans."

- Adorasyon ak rekonesans kòm zouti pou chanje atmosfè a

4. Konbine sipò espirityèl ak pratik

Bondye itilize plizyè zouti pou pote plenitid—tankou konsèy, medikaman, gwoup sipò, ak kominote.

Egzanp: Yon jèn fi ki t ap lite ak atak panik te jwenn libète atravè lapriyè gerizon enteryè, terapi, ak chanjman pratik nan dòmi/rejim alimantè. Plenitid te vini atravè yon konbinezon estrateji espirityèl ak natirèl.

Ankourajman

- Pa wont chèche èd.

- Gerizon se yon vwayaj, epi Bondye mache avèk ou nan chak etap.

Vèsè kle pou memorize

- 2 Korentyen 10:5

- Ezayi 26:3

- Filipyen 4:6–7

- 2 Timote 1:7

Kesyon refleksyon

- Ki panse oswa batay mantal ou fè fas ak yo ki repete?

....

....

....

....

- Kijan ou ka mete panse ou ann akò ak verite Bondye a epi resevwa lapè Li jodi a?

- Kijan kwayans ou yo enfliyanse fason ou viv lavi chak jou ou?

- Poukisa li enpòtan pou ou pa aksepte tout panse, e kijan ou ka teste yo ak Pawòl Bondye a?

- Nan ki fason gerizon nan lespri a enplike tou de etap espirityèl ak pratik, e kijan Bondye itilize divès zouti nan pwosesis sa a?

Egzèsis

1. **Kaptire Panse**: Lis panse negatif oswa enkyetid ki repete. Jwenn yon vèsè ki di verite a sou chak.

2. **Woutin Konfesyon**: Ekri twa deklarasyon verite ki baze sou Lekriti Sent yo epi repete yo chak jou.

3. **Kat Sistèm Sipò:** Idantifye moun, mantò, oswa pwofesyonèl ou ka fè konfyans pou sipò mantal/emosyonèl.

Kesyon Diskisyon

- Ki manti ou te kwè ki te fòme desizyon ou oswa imaj ou genyen de tèt ou?

- Kijan nou ka rekonèt lè laperèz ap eseye kontwole nou?

- Nan ki fason legliz la ka sipòte moun k ap lite ak batay mantal?

Gid Priyè

"Senyè, mwen remèt panse m yo ba ou. Ede m rekonèt epi rejte manti lènmi an. Ranplase yo ak verite ou. Ban m kouraj pou m kraze akò avèk laperèz ak enkyetid. Ranpli lespri m ak lapè ak klète, epi gide m pou m jwenn bon sipò ak estrateji pou m mache nan libète mantal. Nan non Jezi, Amèn."

Tematik ki abòde yo

- Konprann lespri a kòm yon chan batay

- Ranplase manti ak verite

- Kraze akò avèk laperèz ak enkyetid

- Konbine sipò espirityèl ak pratik

Chapit 18:
Konba Espirityèl nan Ministè ak nan Lidèchip

Vèsè kle yo

Jak 3:1—*"Se pa anpil nan nou ki ta dwe vin pwofesè, frè ak sè nan lafwa, paske nou konnen ke moun ki anseye yo pral jije plis strikteman."*

- *Frè m' yo, se pa pou anpil moun nan mitan nou kouri dèyè plas dirèktè. Paske, konnen byen: lè nou dirèktè, Bondye ap jije nou pi sevè pase lòt yo.*

Travay 20:28—*"Veye sou tèt nou menm ak tout mouton flock la ke Sentespri a fè nou ovedè yo."*

- *Veye kò nou, veye sou tout bann mouton Sentespri a mete sou kont nou. Okipe legliz Bondye a, legliz li te achte ak pwòp san Pitit li a.*

Ebre 13:17—*"Gen konfyans nan lidè nou yo epi soumèt anba otorite yo, paske yo veye sou nou tankou moun ki dwe rann kont."*

- *Obeyi chèf nou yo, soumèt devan yo. Se tout tan y'ap veye sou nanm nou paske yo gen pou yo rann Bondye kont pou travay yo. Si nou obeyi yo, y'a fè travay yo ak kè kontan. Men, si nou pa obeyi yo, y'a fè l' ak kè sere. Lè sa a, p'ap gen okenn avantaj pou nou.*

Apèsi sou sijè a

Lidè ak moun ki angaje nan ministè pote responsablite inik—epi yo fè fas ak lagè espirityèl sib. Kit se nan kay la, legliz la, oswa nan kominote a, enfliyans espirityèl pote pwa ak responsablite. Lidè yo dwe rete vijilan, pwoteje anwa yo, epi mete konfyans yo nan Bondye pandan y ap sèvi lòt moun. Chapit sa a adrese pwa lidèchip espirityèl la, kijan pou pwoteje apèl ou, evite feblès komen, ak mache nan entegrite pandan ou anba presyon.

Etid apwofondi

1. Pwa Enfliyans Espirityèl la

Avèk gwo responsablite vini egzamen espirityèl. Lidè yo etabli klima espirityèl pou moun yo sèvi yo.

Konsèy Pratik

- Bay relasyon pèsonèl ou ak Bondye plis enpòtans pase ministè piblik.

- Evalye kè ou regilyèman pou fyète, fatig twòp, oswa konpwomi kache.

Egzanp: Yon pastè te konfese li t ap gide paske li te vle fè bon jan pèfòmans olye de prezans. Lè li retabli lavi lapriyè li chak jou, lajwa li ak efikasite li tounen.

2. Atak Komen Kont Lidè yo

Satan vize dekredite moun ki nan wòl vizib. Konprann modèl atak yo ka ede lidè yo rete vijilan.

Taktik yo enkli

- Izolasyon ak fatig twòp

- Tantasyon moral ak dekourajman

- Divizyon nan ekip lidèchip la

Estrateji

- Kreye yon sèk entèrlò ki fè konfyans pou rann kont.

- Pran repo regilye nan fanmi w pou travay ministè sabbat ak retrè espirityèl

- Gen konseye espirityèl oswa sipèvizè

3. Pwoteje Lwenmou Sentespri a

Apèl ou a dwe pwoteje avèk imilite ak disiplin.

Modèl Biblik

- David te rete imil menm apre yo te oze l wa (1 Samyèl 16).

- Jezi souvan t ap retire pou l priye pou kont li (Lik 5:16).

Disiplin Pratik

- Kenbe grangou espirityèl—pa janm dirije lè w vid.

- Rete ouvè pou aprann epi pou kòrèk.

- Pa neglije.

4. Lagè Espirityèl nan Sèvis pou Lòt Moun

Ministre delivrans, gerizon, oswa predikasyon laverite souvan lakoz opozisyon

Preparasyon pou konba espirityèy nan Ministè

- Jene epi priye anvan moman kle nan ministè a.

- Mete zam espirityèl anvan wap preche oswa sèvi.

- Diskerne anviwònman espirityèl la epi reponn avèk otorite.

Egzanp: Yon lidè lapriyè te remake yon gwo chay anvan sòten sèvis yo. Apre li fin rasanble yon ekip priye pou entèsepsyon anvan sa, yon avanse te kòmanse leve.

Vèsè kle pou memorize

- Jak 3:1

- Travay 20:28

- Lik 5:16

- 1 Samuel 16:7

Kesyon Refleksyon

- Èske ou ap dirije soti nan yon plas ki plen oswa ki febli?

- Kijan ou ka pwoteje apèl ou epi mete prezans Bondye an premye sou pèfòmans?

- Kijan anointing atire lagè lespri, epi poukisa li enpòtan pou rete pre Moun ki Sèlman anwi a?

- Poukisa lidè yo pa iminitè kont atak, epi kijan sipò, repo, ak pwoteksyon ka ede yo?

- Nan ki fasosn liderchip ou a koule pi efektivman soti nan entimite ak Bondye?

Ekzèsis

1. **Jounal Lidèchip**: Reflechi sou responsablite lidèchip ou yo. Ki zòn ki pi fatigan nan lespri? Kijan ou ap ranpli yo ankò?

2. **Lis Entèseksyon**: Kreye yon lis lapriyè pou moun ki anba lidèchip ou a epi angaje w pou w lapriyè regilyèman.

3. **Tcheke Responsablite**: Idantifye kiyès ou ka al jwenn pou konsèy ak responsablite. Kontakte yo semèn sa a.

Kesyon Diskisyon

- Ki atak espirityèl lidè yo konn fè fas a souvan?

- Kijan yon lidè ka pwoteje kè li ak fonksyon li a?

- Kijan yon lidèchip ki an sante, tankou Kris la, parèt pou ou?

Gid priyè

Lapriyè pou Lidèchip, Fòs, ak Pwoteksyon Espirityèl: "Papa, mèsi paske w ban m privilèj pou gen enfliyans. Ede m mennen ak imilite, onètete, ak sajès. Pwoteje m kont fyète, bouke, ak konpwomi. Fòse m nan batay epi ranpli m ak lwil fre chak jou. Ke m kapab mennen lòt moun nan fòs Ou epi toujou montre yo Ou. Nan non Jezi, Amèn."

Tematik ki abòde yo

- Pwa enfliyans espirityèl

- Atak komen sou lidè yo

- Pwoteje lwilasyon an

- Lagè espirityèl nan sèvi lòt moun

Chapit 19:
Don espirityèl ak konba espirityèl

Vèsè kle yo

- *1 Korentyen 12:7—"Lespri Bondye a fè travay li yon jan nan lavi chak moun, men li fè l' pou byen tout moun."*

- *Women 12:6—"Bondye pa bay tout moun menm don. Men, nou fèt pou nou sèvi ak kado a dapre favè Bondye fè nou an."*

Apèsi sou sijè a

Don espirityèl yo pa sèlman pou edifikasyon, men tou pou ekipe Legliz la nan lagè espirityèl. Yo se zouti diven pou bati Kò Kris la ak fè Wayòm Bondye a avanse. Nan lagè espirityèl, yo se zam estratejik ki pote pwogrè, gerizon, disènman ak direksyon. Chapit sa a eksplore kijan disènman, pwofesi, entèsesyon ak lòt don espirityèl yo ka itilize estratejikman nan batay espirityèl, epi kijan pou kiltive, jere ak pwoteje yo.

Etid apwofondi

1. Objektif Don Espirityèl nan Lagè

Don espirityèl yo se zouti diven pou edifye, pwoteje ak fè Legliz la avanse. Lè yo byen itilize yo, yo ekspoze fènwa, bati inite epi ranfòse kwayan yo kont konplo demonyak.

Egzanp

- Yon pawòl konesans ka revele fòtrès kache.

- Don disènman an ka pwoteje kont lespri twonpè.

- Pwofesi ka libere yon avansman ak yon direksyon nan peryòd konfizyon.

Konsèy pratik

- Konsidere don ou kòm yon zam pou bati lòt moun, pa sèlman idantite pèsonèl.

- Mande Bondye chak jou pou montre kijan Li vle itilize don ou nan lapriyè ak ministè.

2. Disènman ak Aktive Don ou yo

Anpil kwayan pa rekonèt don yo oswa yo gen difikilte pou mache nan yo. Aktive yo kòmanse avèk konsyans, lafwa, ak pratik.

Fason pou dekouvri ak itilize don ou

- Etidye Women 12, 1 Korentyen 12, ak Efezyen 4.

- Mande kwayan ki gen matirite oswa mantò sa yo wè nan ou.

- Fè yon pa nan lafwa pandan ti gwoup oswa lè lapriyè.

Egzanp: Yon fanm trankil ki te santi li ensiyifyan te dekouvri li te gen yon gwo don entèsesyon lè priyè li yo te kòmanse kraze lou espirityèl sou lòt moun. Li te vin tounen yon lidè lapriyè pwisan.

3. Pwoteje kont ògèy, laperèz, ak konparezon

Don espirityèl yo dwe jere avèk imilite ak lanmou. Ògèy ka mal itilize don yo; Laperèz ka siprime yo; konparezon ka touye lajwa.

1 Korentyen 13 fè nou sonje ke kado san lanmou pa anyen.

Gid pratik pou evite danje

- Rete responsab devan lidèchip ak kominote a.

- Selebre kado lòt moun san konparezon.

- Rete dispoze pou anseye epi ouvè pou koreksyon.

4. Itilize Don ou estratejikman nan batay

Chak don gen aplikasyon nan lagè:

- Pwofesi: Pibliye verite ak direksyon; demonte manti.

- Gerizon: Demontre Wayòm nan epi kraze enfimite.

- Entèsesyon: Bati miray pwoteksyon epi dezame atak yo.

- Disènman: Detekte chanjman espirityèl ak plan lènmi yo.

- Ansèyman: Ekipe kwayan yo ak yon doktrin solid pou reziste twonpri.

Egzanp: Yon nonm ki te gen yon don ansèyman te kòmanse òganize etid biblik chak semèn lakay li. Avèk letan, patisipan yo te wè libète anba konfizyon ak fo ansèyman.

Vèsè kle pou memorize

- 1 Korentyen 12:7

- Women 12:6

- Efezyen 4:11–13

- 1 Pyè 4:10

Kesyon refleksyon

- Ki don Bondye ba ou?

- Èske w ap itilize yo aktivman yon fason ki prepare lòt moun pou batay espirityèl?

- Ki etap ou ka pran pou devlope epi deplwaye don ou yo pi efikasman?

- Kijan don espirityèl ou yo montre glwa Bondye olye yo defini idantite w?

....

....

....

....

- Nan ki fason lagè espirityèl revele moman ak nesesite don ou yo?

....

....

....

....

- Poukisa li enpòtan pou w itilize don Bondye ba ou yo nan lafwa, konnen Li gen yon objektif pou yo?

....

....

....

....

Egzèsis

1. **Tès pou dekouvri don yo**: Fè yon evalyasyon don espirityèl epi reflechi sou rezilta yo. Ekri nan jounal kijan chak don ta ka itilize nan lagè.

2. **Aktive don ou genyen yo:** Idantifye yon bezwen (nan legliz, fanmi, oswa kominote) epi itilize youn nan don ou yo entansyonèl-man semèn sa a.

3. **Sispann fè Konparezon**: Ekri yon lis manti espirityèl ou te kwè (pa egzanp, "Mwen pa gen don," "Don m yo pi bon"). Ranplase chak ak verite ki baze sou Bib la.

Kesyon Diskisyon

- Kijan ou te wè don espirityèl yo itilize efektivman nan lagè?

- Ki sa ki anpeche w itilize don ou yo nèt?

- Kijan legliz la ka ede kwayan yo aktive epi devlope don yo?

Gid Priyè

«Sentespri, mèsi pou don ou mete nan mwen yo. Ede m disène, anbrase, epi aktive yo pou glwa ou. Retire laperèz, ògèy, ak konparezon nan kè m. Kite m sèvi avèk kouraj ak fidèlite, lè l sèvi avèk sa ou te ban mwen pou detwi travay fènwa yo epi leve non ou. Nan non Jezi, Amèn."

Tematik ki abòde yo

- Objektif don espirityèl yo nan lagè

- Disène ak aktive don ou yo

- Pwoteje kont ògèy, laperèz, ak konparezon

- Itilize don ou estratejikman nan batay

Chapit 20:
Entèsesyon ak priyè Estratejik

Vèsè kle yo

- *Ezekyèl 22:30—"Mwen te chèche môt moun nan mitan yo ki t ap bati miray la epi ki t ap kanpe devan mwen nan espas vid la... "*

- *Jak 5:16—"Lapriyè yon moun ki jis gen pouvwa e li efikas."*

Apèsi sou sijè a

Entèsè se youn nan zouti ki pi pwisan nan lagè espirityèl. Bondye rele kwayan yo pou kanpe nan espas vid la pou lòt moun, pou rejyon yo, ak pou sitiyasyon yo. Chapit sa a konsantre sou wòl estratejik entèsè, kijan pou devlope yon stil lavi ki chaje ak lapriyè, ak kad pratik pou lapriyè efikas kont aktivite demonik.

Etid apwofondi

1. Apèl pou Kanpe nan Espas Vid la

Entèse avèk yon moun vle di mande pou yon lòt moun. Nan Ekriti Sen yo, Bondye souvan chache entèsè pou anpeche jijman oswa pou lage volonte Li.

Egzanp: Abraram te entèse pou Sòdòm (Jenèz 18). Moyiz te entèse pou pèp Izrayèl (Egzòd 32**).**

Enfòmasyon Pratik

- Mande Bondye regilyèman: "Ki moun oswa kisa ou vle mwen kanpe pou li jodi a?"

- Fè volonte ou pou travay nan lapriyè jiskaske liberasyon rive.

2. Tip Lapriyè Entèsesyon

Tout entèsesyon pa sanble menm jan. Bondye ka mennen ou nan diferan tip:

- **Entèsepsyon Lagè:** Kraze fò won sou moun, kote, oswa legliz.

- **Entèsepsyon** Pwòfetik: Lapriyè sa ou santi nan Lespri Sen an.

- **Entèsepsyon Prèt:** Pote bezwen lòt moun devan Bondye tankou yon prèt.

Egzanp: fanm te leve chak Yon swa pou lapriyè pou yon zanmi nan yon lòt peyi. Kèk mwa pita, li te aprann ke zanmi sa a te ap fè fas avèk pèsekisyon entans pandan presizeman moman sa yo.

3. Estrateji Lapriyè nan Lagè

Entèsepsyon estratejik mande entansyon, preparasyon, ak divizyon nan jijman.

Zouti Lapriyè

- **Kat Lapriyè: Asiyen sijè espesifik, bezwen, oswa moun pou konsantre sou yo chak jou.**

- **Deklarasyon Lapriyè:** Pale Pawòl Bondye sou sitiyasyon yo.

- **Lis Cib**: Non, vil, ministè, oswa pwoblèm pou swiv regilyèman.

Egzanp: Yon ti gwoup te adopte lekòl lokal yo nan lapriyè. Avèk tan, entimidasyon te diminye e de pwofesè te bay lavi yo pou Kris.

4. Lapriyè Soti nan yon Kote Viktwa

Entèseksyon efikas pa mande; li dakò ak sa Kris te deja fè.
Efésyen 2:6—Nou chita avèk Kris.

Konsèy Pratik

- Kòmanse ak lwanj ak remèsiman.

- Deklare pwomès Bondye yo, pa sèlman pwoblèm yo.

- Koute direksyon Sentespri plis pase pale long lapriyè.

Vèsè kle pou memorize

- Ezekyèl 22:30

- Jak 5:16

- Efésyen 2:6

- Izayi 62:6–7

Kesyon Refleksyon

- Èske ou wè tèt ou kòm yon entèsetè?

- Kilès oswa kisa Bondye ap rele ou pou kouvri nan lapriyè jodi a?

- Ki jan ou ka bati estrateji lapriyè entansyonèl ki mennen nan pwogrè?

....

....

....

....

....

- Ki jan akò nan lapriyè ogmante pouvwa espirityèl, jan sa dekri nan Deuteronòm 32:30?

....

....

....

....

....

- Ki eleman kle nan vre akò, e poukisa imilite, inite, ak anga- jman pataje nan laverite Bondye yo enpòtan?

....

....

....

....

- Poukisa patenarya nan lapriyè pa sèlman itil men esansyèl pou kwasans espirityèl ak efikasite?

Egzèsis

1. **Defi Patnè Lapriyè**: Jwenn yon moun pou lapriyè avè w pandan sèt jou youn apre lòt. Kenbe yon jounal sou sa w ap lapriyè ak nenpòt insight ou resevwa.

2. **Tcheke Inite**: Mande Senyè a pou l revele nenpòt relasyon kote akò w la kase. Lapriyè pou gerizon ak restorasyon.

3. **Akò Ki Sèvi ak Pawòl la**: Chwazi yon pwomès nan Ekriti a epi fè akò avèk yon zanmi oswa yon gwoup pou lapriyè Pawòl sa a nan lavi nou.

Kesyon Diskisyon

- Ki moun ki te entècede pou ou nan tan pase a?

- Ki jan ou te fè eksperyans pouvwa akò nan lapriyè?

- Ki sa ki bloke inite nan patenarya lapriyè oswa nan legliz?

- Poukisa entècessyon esansyèl nan batay espirityèl?

- Poukisa akò ak volonte syèl la nesesè pou yon batay efikas?

Gid priyè

"Senyè, anseye m pouvwa akò nan prezans Ou. Padonnen m kote mwen
t ap mache nan fyète oswa dezinite. Ede m jwenn patnè lapriyè ki dwat e
mache nan inite ak lòt moun ak ak Pawòl Ou. Lage otorite syèl la pandan n
ap aliye kè nou ak lapriyè nou ansanm.

Tematik ki abòde yo

- Apèl pou kanpe nan espas la

- Kalite lapriyè entèsesyon

- Estrateji lapriyè nan lagè espirityèl

- Priye sou tèren viktwa a

Chapit 21:
Legliz an Aksyon—Ann fè wayòm Bondye ale pi lwen

Vèsè kle yo

- *Matye 5 : 14-16—" Se limyè nou ye pou moun sou latè. Moun pa kapab kache yon lavil ki bati sou yon mòn... se pou limyè nou klere devan tout moun, pou lè yo wè tout byen n'ap fè yo, y'a fè lwanj Papa nou ki nan syèl la."*

- *Travay 2:42-47—" Yo pase tout tan yo ap koute sa apòt yo t'ap moutre yo, yo t'ap viv ansanm tankou frè yonn ak lòt, yo reyini pou separe pen an bay tout moun, epi yo t'ap lapriyè.... epi chak jou Seyè a te mete plis moun nan gwoup yo ki te pou delivre yo."*

- *Women 12:4-5—" Gade byen: nou gen anpil manm nan yon sèl kò... nou anpil, men nou fè yon sèl kò ansanm ak Kris la. Nou tout nou fè yon sèl kò tou yonn ak lòt, tankou plizyè manm nan yon sèl kò."*

Apèsi sou sijè a

Legliz la pa yon odyans pasif—li se yon *fòs aktif pou transfòmasyon*. Kòm Kò Kris la, nou rele pou avanse Peyi Bondye a lè nou tounen men li, pye li, ak vwa li nan mond lan. Chak aksyon lanmou, sèvis, ak lapriyè kontribye nan viktwa espirityèl kont fènwa.

Chapit sa a eksplore kijan kwayan ka Fonksyone kòm yon kominote ini, plen ak Lespri ki pote prezans Bondye nan fanmi, vil, ak nasyon. Legliz la nan aksyon pa sèlman defann verite—li *demontre* li ak konpasyon ak pouvwa.

Etid apwofondi

1. *Legliz la kòm Kò Vivan Bondye*

Legliz la reprezante Kris sou tè a—konpasyon li, jistis li, ak otorite li kap travay atravè moun. Lè kwayan yo aji nan inite, yo vin ekspresyon vizib Peyi Bondye.

Egzanp: Nan Travay Apot yo 2, premye Legliz la te pataje resous, lapriyè ansanm, epi demontre lanmou radikal. Inite sa a te atire anpil moun nan delivrans epi fè Peyi a grandi rapidman.

Konsèy Pratik:

- Gade legliz lokal ou kòm men Kris ki pwolonje nan kominote a.

- Sèvi ak mantalite ke *ministè ou satisfè bezwen espirityèl ak fizik nan menm tan an.*

2. Pouvwa Enfliyans Peyi Wa a

Legliz la pa rele sèlman pou li rasanble, men tou pou enfliyanse sosyete a—atravè entegrite, sèvis, ak kouraj dirije pa Sentespri. Kote Legliz la aktif, fènwa pèdi tè.

Egzanp: Kwayan yo nan Antiòk (Travay 11:26) te vin tounen yon modèl enfliyans Peyi Wa a—pataje Levanjil atravè kilti diferan ak montre mizèrikòd pou pòv yo.

Konsèy Pratik:

- Kite prezans legliz ou pote limyè nan lekòl, nan kote travay, ak nan gouvènman.

- Ankouraje jistis, mizèrikòd, ak konpasyon kòm fòm lagè espirityèl.

3. Ekipman ak Voye Disip yo

Bondye pa janm te desine Legliz la pou li yon kote konfò, men *pito yon teren* pou lansman disip yo. Vre matirite espirityèl mennen nan misyon.

Pwofondè ki nan pawòl la: Jezi te antrene disip Li yo epi li te voye yo de pa de (Lik 10:1–3). Menm jan an, legliz yo ta dwe leve lafwa pou evanjelize, fè mentora epi sèvi.

Zouti Pratik pou Legliz yo:

- Devlope chemen lidèchip ak disiplin.

- Ankouraje chak manm dekouvri epi iti kado espirityèl yo.

- Selebre temwayaj sou transfòmasyon ak sèvis.

Egzanp: Yon ti legliz te antrene manm li yo nan evanjelizasyon, sa ki te pwodwi plizyè nouvo kwayan ak pwogram kominotè.

4. Avanse Peyi Bondye nan Mond lan

Misyon Legliz la depase mi li yo. Li global, kiltirèl, epi li pou tout tan. Lapriyè, sèvis, ak inisyativ jistis montre gouvènman Bondye sou chak aspè nan lavi a.

Egzanp:

- Legliz ki kolabore nan vwayaj misyon oubyen pwogram manje.

- Kwayan ki ap gide jèn yo oswa ki kanpe pou verite nan medya ak politik.

- Evènman adorasyon ki ini plizyè kongregasyon pou deklare rèy Kris la.

Konsèy Pratik:

- Poze kesyon: "Kijan legliz nou ka beni vil nou mwa sa a?"

- Fè patenarya ak lòt ministè pou miltipliye enpak la.

- Viv misyon chak jou—kote travay ou, sal klas ou, oswa lakay ou ka vin chan misyon ou.

Vèsè Kle pou memorize

- Matye 5:14–16

- Travay 2:42–47

- Women 12:4–5

- Lik 10:1–3

Kesyon Refleksyon

- Kijan ou menm pèsonèlman ka ede legliz ou afekte kominote ou?

- Kisa li vle di pou ou ke *ou se limyè mond lan?*

- Kijan legliz lokal ou ka vin yon se Sant la vin tounen yon sant kominotè pito ke jis yon espas rasanbleman?

- Ki pati nan misyon Bondye ki fè kè ou bat pi fò?

- Kijan kado ou yo ka ede avanse Wayòm nan kote ou ap viv?

Egzèsis

- **Kat Misyon:** Idantifye yon bezwen nan kominote ou epi reflechi sou fason legliz ou ta ka satisfè li.

- **Defi Sèvis:** Vin volontè pou yon aksyon kominotè, ministè jèn, oswa inisyativ lapriyè.

- **Patnè Wayòm:** Konekte ak yon lòt kwayan oswa legliz pou kolabore nan yon bon travay.

- **Mache nan Ekriti:** Mache nan katye ou pandan w ap deklare pwomès Bondye sou kay, lekòl, ak fanmi.

Kesyon Diskisyon

- Kijan Legliz la ka balanse predikasyon laverite ak montre lanmou nan aksyon?

- Ki jan sa ta ye si chak kwayan te viv "sou misyon" chak jou?

- Kijan inite ant legliz yo ka chanje atmosfè yon vil?

- Ki wòl jenerasyon ou a jwe nan avanse Wayòm Bondye?

Gid Lapriyè

Lapriyè pou Misyon, Konpasyon, ak Inyon: "Senyè Jezi, mèsi paske Ou rele Legliz Ou a pou l aji. Ranpli nou ak Lespri Ou ak konpasyon pou nou rive jwenn pèdi yo epi sèvi moun ki kraze yo. Ini nou nan bi ak pouvwa pou Rwayòm Ou a avanse atravè chak aksyon lanmou, lapriyè, ak sèvis. Sèvi ak nou kòm veso pou glwa Ou—isit la ak atravè lemond. Amèn."

Lapriyè pou Kouraj ak Enfliyans: "Papa, fè nou yon Legliz ki klere limyè Ou avèk kouraj epi regilyèman. Kite travay nou pote lòt moun pou yo glorifye Ou."

Tematik ki abòde yo

- Legliz la kòm Kò vivan Bondye

- Pouvwa enfliyans Rwayòm nan

- Ekipman ak voye disip yo

- Avanse Rwayòm Bondye nan mond lan

Chapit 22:
Viv yon lavi vitkorye: kenbe standa libète espirityel ou

Vèsè Kle yo

Women 8:37 — "Non, nan tout bagay sa yo, nou plis pase viktorye pa mwayen sila ki te renmen nou."

1 Jan 5:4 — "Paske tout moun ki fèt nan Bondye genyen viktwa sou mond lan. Epi viktwa ki genyen sou mond lan, se lafwa nou."

2 Korentyen 2:14 — "Men, gras a Bondye ki toujou fè nou mache kòm prizonye nan pwosesyon viktwa Kris la, epi ki sèvi ak nou pou gaye bon sant konesans li tout kote."

Apèsi sou sijè a

Viktwa pa sèlman yon destinasyon; se yon fason pou viv chak jou ki chita sou idantite nou nan Kris la. Viktwa nan lagè espirityèl pa sèlman genyen batay; se viv chak jou nan libète ak otorite Kris deja ban nou. Lè ou konprann pozisyon espirityèl ou, sa pèmèt ou simonte echèk ak atak espirityèl pandan w ap viv nan libète ak otorite. Chapit sa a konsantre sou fason kwayan yo ka kenbe libète espirityèl yo, devlope yon mantalite viktorye, epi mache avèk konfyans nan idantite yo kòm plis pase viktorye nan Kris la.

Etid apwofondi

1. Konprann Pozisyon Ou nan Kris la

Viktwa kòmanse lè ou konprann byen kiyès ou ye nan Jezi. Ou pa yon viktim ankò, men yon viktorye, chita ansanm ak Kris la nan plas ki nan syèl la (Efezyen 2:6).

Konsèy Pratik

- Ranmase tèt ou regilyèman sou nouvo idantite ou kòm pitit Bondye.

- Rejte manti ki di ou fèb oswa bat.

- Medite sou vèsè ki konfime viktwa ak otorite ou.

Egzanp : Yon kwayan ki t ap lite ak koupabilite jwenn libète lè li te kòmanse deklare Women 8:1 chak jou:*"Pa gen okenn kondanasyon pou moun ki nan Kris Jezi."*

2. Devlope yon Fason Viv Viktorye

Viktwa konsève atravè abitid entansyonèl ak disiplin espirityèl ki ranfòse libète ou.

Pratik kle ki enpòtan

- **Lapriyè ak Adorasyon Chak Jou**: Kenbe yon relasyon pwòch ak Bondye.

- **Meditasyon sou Pawòl la :** Kite Pawòl Bondye renouvle panse ou.

- **Konfesyon Lafwa:** Pale verite Bondye sou sitiyasyon yo.

- **Rankont Regilye:** Antoure tèt ou ak moun ki ankouraje ou.

Egzanp: Yon fanm ki te souvan dekouraje te kòmanse memorize Ekriti ak priye chak jou. Avèk tan, lafwa li vin pi fò, epi li te fè eksperyans yon lapè ki dire lontan.

3. Simonte Echèk ak Atak yo

Menm kwayan viktorye yo fè fas ak defi. Konnen kijan pou reponn apre yon echèk enpòtan anpil.

Repons kont echèk espirityèl

- **Repanti epi Retabli w:** Konfese vit epi retounen nan gras Bondye.

- **Chèche Sipò:** Pale ak kwayan oswa mentor ou fè konfyans.

- **Reafime Pwomès Bondye yo:** Deklare viktwa ou nan Kris la byen fò.

- **Pèsevere: Pa lage;** lagè espirityèl la kontinye.

Egzanp: Apre yon peryòd sechrès espirityèl, yon nonm renouvle angajman li nan lapriyè ak fellowship. Li te reprann lajwa ak fòs pou kontinye kenbe pozisyon li.

4. Mache Chak Jou nan Libète ak Otorite

Viktwa ou nan Kris la ba ou otorite sou lènmi an. Mache nan otorite sa a mande konfyans ak obeyisans.

Konsèy Pratik

- Sèvi ak non Jezi avèk odas lè w ap fè fas ak tantasyon oswa atak.

- Aplike travay Kris la fini sou kwa a—konnen Jezi deja dezame lènmi an.

- Pwoteje kè ak lespri ou ak zam Bondye yo.

Egzanp: Lè laperèz te vini, yon kwayan te konn di: "Nan non Jezi, laperèz dwe ale."

Avèk tan, pratik sa a te kraze pouvwa laperèz nan lavi li.

Vèsè pou memorize

- Women 8:37

- 1 Jan 5:4

- Efezyen 2:6

- 2 Korentyen 5:17

Kesyon Refleksyon

- Èske w ap viv chak jou kòm yon viktorye nan Kris la?

- Ki disiplin espirityèl ou ka devlope pou kenbe viktwa ou?

- Ki reyaksyon w ap genyen pwochen fwa w ap fè fas ak yon atak espirityèl oswa pèsonèl?

- Nan ki fason otorite ou nan Kris la depann plis de pozisyon ou nan Li pase de pèfòmans ou?

- Poukisa viv nan viktwa depann de yon lespri renouvle ak yon kè ki soumèt?

- Ki jan echèk yo ka tounen opòtinite pou yon retou fò lè w rete konekte ak Bondye?

Egzèsis

1. **Deklarasyon Idantite :** Ekri senk verite biblik sou kiyès ou ye nan Kris la. Pale yo byen fò chak maten pandan semèn sa a.

2. **Evalyasyon Viktwa :** Reflechi sou yon echèk espirityèl ou te fèk travèse.Kisa ou te aprann ladan l? Ki verite ou ka kounye a mache ladan l ak plis konfyans?

3. **Abitid Libète :** Fè yon lis twa disiplin espirityèl ou bezwen ranfòse. Fè yon plan sèt (7) jou pou pratike chak disiplin sa yo.

4. **Sonje Fidelite Bondye :** Fè yon lis fason Bondye te montre fidelite Li nan sezon pase nan lavi ou.

Kesyon Diskisyon

- Kisa sa vle di viv apati viktwa a olye w ap goumen pou viktwa a?

- Ki jan pozisyon ou nan Kris la enfliyanse desizyon ou pran chak jou?

- Ki disiplin espirityèl ki ede w kenbe otorite ak libète espirityèl ou?

- Kisa ki ede w rete solid lè viktwa a oswa delivrans lan pran tan pou rive?

Gid Priyè

Lapriyè Viktwa ak Otorite Espirityèl: "Seyè Jezi, mèsi pou viktwa Ou te genyen pou mwen sou kwa a. Ede m viv chak jou avèk konsyans pozisyon mwen genyen nan Ou. Fòtifye m pou m mache nan verite a, pwoteje kè mwen kont manti, epi dirije m nan libète ak objektif. Se pou mwen reflete otorite ak lanmou Ou tout kote m pase. Nan non Ou, Amèn."

Lapriyè pou Andirans ak Pèseverans : "Seyè, ban mwen fòs pou m andire epi pou m pa dekouraje ni lage."

Tematik ki abòde yo

- Konprann pozisyon ou nan Kris la

- Devlope yon fason viv viktorye

- Simonte echèk ak atak yo

- Mache chak jou nan libète ak otorite

Chapit 23:
Wòl Sentespri a nan konba espirityèl

Vèsè kle yo

- *Jan 14:26—" Men, Konsolatè a, Sentespri a Papa a ap voye nan non m nan, l ap anseye nou tout bagay epi l ap fè n sonje tout sa m te konn ap di nou."*

- *Women 8:26—" Sentespri a ede nou tou, paske nou sitèlman fèb. Nou pa menm konnen kijan pou n ta priye, men Sentespri a li menm pale ak Bondye pou nou, li sèvi ak soupi nou pa menm gen mo pou n ta tradui yo."*

Apèsi sou sijè a

sou sijè a Sentespri a se konpayon esansyèl kwayan an nan lagè espirityèl la—li ban nou pouvwa, li gide nou, epi li plede pou nou. Chapit sa a eksplore kijan Lespri a travay nan lavi nou pandan batay, li ekipe nou ak sajès, fòs, ak viktwa.

Etid apwofondi

1. Pouvwa pou batay

Sentespri a bay pouvwa ak kouraj ki nesesè pou nou kanpe kont atak espirityèl yo. San prezans li, lagè espirityèl la ka santi l akablan.

Egzanp: Nan Pannkòt (Travay Apot yo 2), kwayan yo te resevwa Sentespri a epi yo te gen pouvwa pou yo preche avèk kouraj epi fè mirak malgre opozisyon.

Konsèy Pratik

- Priye chak jou pou ranpli ak puisans Sentespri a (Efezyen 5:18).

- Konte sou fòs Li olye de pwòp fòs ou.

2. Gidans ak Sajès

Lespri a gide kwayan yo nan verite ak estrateji pou batay espirityèl yo. Li revele taktik lènmi an ak kijan pou yo reyaji.

Jan 16:13 pwomèt Lespri a ap gide nan tout verite a.

Egzanp: Jezi, kondwi pa Lespri a, te konnen ki lè pou l konfwonte ak ki lè pou l retire pandan tantasyon li nan dezè a.

Konsèy Pratik

- Kiltive sansiblite pou enspirasyon Lespri a atravè lapriyè ak trankilite.

- Chèche gidans Li anvan ou angaje w nan lagè espirityèl oswa ministè.

3. Entèsesyon pou nou

Lè nou pa konnen kijan oswa kisa pou nou priye, Lespri a entèsede avèk jemi ki pa ka eksprime (Women 8:26). Èd sipènatirèl sa a soutni nou nan batay espirityèl ki dire lontan.

Konsèy Pratik

- Fè konfyans nan entèsesyon Lespri a lè priyè ou yo santi yo fèb oswa sèk.

- Vin patisipe nan jemi Lespri a atravè lapriyè pèsistan.

4. Ranpli ak Fwi Lespri a

Fwi Lespri a—lanmou, lajwa, lapè, pasyans, jantiyès, bonte, fidelite, dousè, ak metriz—se zam esansyèl nan lagè ki dezame akizasyon ak atak lènmi an.

Egzanp: Yon kwayan ki ranpli ak lapè ak lajwa vin tounen yon temwen
solid nan anviwònman ostil.

Konsèy Pratik

- Pouswiv sentete epi rann tèt ou chak jou pou pèmèt Lespri a pote
  fwi nan lavi ou.

- Sèvi ak fwi Lespri a pou bati lòt moun epi dezaktive konfli.

Vèsè kle pou memorize

- Jan 14:26

- Women 8:26

- Efezyen 5:18

- Galat 5:22–23

Kesyon refleksyon

- Kijan w ap konte sou Sentespri a nan batay espirityèl ou yo?

- Nan ki domèn ou bezwen kiltive plis sansibilite ak depandans sou gidans ak puisans Li?

- Poukisa Sentespri a esansyèl nan lagè espirityèl olye ke li opsyonèl?

- Nan ki fason prezans Sentespri a bay rekonfò ak yon katalis pou aksyon ki gen kouraj?

- Kijan fwi Lespri a transfòme lavi enteryè ou pou ede ou simonte batay ekstèn yo?

....

....

....

....

....

Egzèsis

1. **Jounal Sentespri a**: Pase dis minit chak jou semèn sa a pou w ekri nan kaye priyè ou tout sa Sentespri a revele w atravè lapriyè oswa nan Lekriti yo.

2. **Evalye Fwi Lespri a:** Chwazi yon fwi Lespri a pou w konsantre sou li chak jou pandan yon semèn. Mande Bondye pou l fè fwi sa a grandi nan lavi w atravè sitiyasyon ki detire lafwa w.

3. **Pratik nan Entèsesyon**: Pase tan pou priye atravè Lespri a oswa mande Lespri a pou l entèsede nan ou pou yon bezwen espesifik.

Kesyon Diskisyon

- Kijan ou te fè eksperyans gidans Sentespri a nan sitiyasyon difisil?

- Poukisa fwi Lespri a enpòtan anpil pou lagè espirityèl?

- Ki diferans ki genyen ant goumen ak fòs ou kont fòs Li?

Gid Priyè

Priyè pou Ranpli, Gidans, ak Viktwa: "Sentespri, mwen akeyi Ou nan chak pati nan lavi mwen. Ranpli m ankò jodi a ak puisans ak lapè Ou. Mennen m nan verite a, anseye m priye, epi fè fwi Ou grandi nan mwen. Mwen chwazi konte sou fòs Ou, pa sou fòs pa m, pandan m ap mache nan viktwa. Nan non Jezi, Amèn."

Priyè pou Don ak Rafinaman Espirityèl: "Sentespri, reveye epi rafine don ou mete nan mwen pou glwa ou."

Tematik ki abòde yo

- Ranfòsman pou batay

- Gidans ak sajès

- Entèsesyon pou nou

- Ranpli ak fwi Lespri a

Chapit 24:
Konba Espirityèl ak Legliz la kòm Kominote

Vèsè kle yo

- *Efezyen 4:11–13—"Se konsa Kris li menm te ba apot yo, pwofèt yo, evanjelis yo, pastè yo ak doktè yo, pou ekipe pèp li a pou travay sèvis, pou kò Kris la ka bati jouk nou tout rive nan inite nan lafwa ak nan konesans Pitit Bondye a epi vin gen matirite jwenn mezi total plenè Kris la."*

- *Matye 18:20—"Paske kote de oswa twa rasanble nan non mwen, mwen la avèk yo."*

- *Travay 4:31—"Apre yo te fin lapriyè, plas kote yo t ap reyini a tranble. Epi yo tout te plen ak Lespri Sen an epi yo te pale pawòl Bondye a avèk kouraj."*

Apèsi sou sijè a

Lagè espirityèl se pa sèlman yon batay endividyèl. Li konekte pwofondman ak lavi ak sante kò Legliz la. Legliz la kòm yon kominote kwayan yo rele pou yo kanpe ansanm nan inite, lapriyè, ak sipò mityèl pou konbat plan lènmi an. Chapit sa a eksplore kijan lagè espirityèl nan gwoup fonksyone, enpòtans inite, ak wòl lidèchip legliz la nan ekipe Kò a pou viktwa.

Etid apwofondi

1. Pouvwa Lapriyè ak Adorasyon Kòporèl

Lè kwayan yo reyini nan inite, gen yon pouvwa espirityèl ki pa ka egalize endividyèlman. Jezi te di lè de oswa twa moun reyini nan non Li, Li prezan (Matye 18:20).

Egzanp

- Legliz la nan kòmansman an nan Travay 4 te priye ansanm, epi Bondye reponn pa plen yo ak kouraj.

- Adorasyon ansanm chanje atmosfè espirityèl, kraze chenn epi envite prezans Bondye.

Konsèy Pratik

- Patisipe aktivman nan reyinyon lapriyè legliz ak rasanbleman adorasyon.

- Òganize oswa rantre nan ekip lapriyè batay espirityèl.

2. Inite kòm yon Estrateji Defansif ak Ofansif

Inite pwoteje legliz la kont divizyon, ke Satan souvan itilize kòm yon zam (1 Korentyen 1:10). Yon kò Legliz ini se yon fò won solid kont atak espirityèl.

Egzanp

- Jezi te priye pou ini nan mitan disip Li yo (Jan 17:20–23), li te konnen sa t ap ranfòse temwayaj yo ak rezistans yo kont lènmi an.

Konsèy Pratik

- Chèche rekonsilyasyon ak padon nan relasyon yo.

- Ankouraje yon kilti imilite ak sèvis nan legliz la.

3. Wòl Lidèchip nan Ekipman Legliz la

Pè, ansyen, ak lidè ministè yo gen responsablite pou antrene ak ekipe kretyen yo nan lagè espirityèl (Efezyen 4:11–13).

Angajman

- Anseye verite biblik sou batay espirityèl

- Bay zouti pratik tankou modèl priyè ak estrateji lagè

- Ankouraje responsablite ak mentorat

Egzanp: Yon legliz ki regilyèman anseye sou batay espirityèl epi ki òganize ministè lapriyè souvan wè pwogrè nan defi pèsonèl ak kominotè.

4. Kado Espirityèl ak Ministè nan Batay Kolektif

Chak kwayan gen kado ki kontribye nan fòs Kò a nan batay. Kado tankou entèseksyon, pwofesi, gerizon, ak diskresyon ede Legliz la kanpe fèm.

Konsèy Pratik

- Idantifye epi aktive kado ou pou benefis Legliz la.

- Sipòte ministè ki konsantre sou delivrans, gerizon, ak lapriyè.

Egzanp: Yon ekip pwofesi nan yon legliz lokal regilyèman priye pou kongregasyon an, pote ankourajman ak direksyon ki kraze fòs espirityèl yo.

5. Bati yon Kiltirèl Vijilans Espirityèl

Legliz ki pwospere nan batay espirityèl ankouraje vijilans ak preparasyon.

Sijesyon Pratik

- Enkòpore ansèyman sou batay espirityèl nan predikasyon ak ti gwoup.

- Ankouraje manm yo mete tout zam Bondye chak jou.

- Kreye anviwònman kote kretyen ka pataje temwayaj ak demann lapriyè san danje.

Vèsè kle pou memorize

- Efezyen 4:11–13

- Matye 18:20

- Jan 17:20–23

- 1 Korentyen 1:10

Kesyon Refleksyon

- Ki jan kò legliz ou angaje nan batay espirityèl?

- Èske w ap kontribye aktivman ak don ak lapriyè w pou sante kominote a?

- Ki etap legliz ou ka pran pou vin pi fò nan inite ak vijilans espirityèl?

- Ki jan entèksyon kolektif atire avansman kolektif nan Legliz la?

....

....

....

....

....

- Poukisa li enpòtan pou Legliz la soti nan wòl espektatè pasif pou vin yon lagè espirityèl aktif?

....

....

....

....

....

- Nan ki fason lidèchip ta dwe ekipe, pa sèlman ankouraje, Kò Kris la?

....

....

....

....

Egzèsis

1. **Entèsesyon anndan Legliz la nan aswè**: Patisipe oswa òganize yon rankont lapriyè gwoup ki konsantre sou batay espirityèl ak entèseksyon pou vil ou.

2. **Plan Aksyon Inite a**: Idantifye yon konfli nan tan lontan oswa kounye a nan legliz ou oswa ministè ou. Fè youn nan premye etap yo pou geri oswa ranfòse inite semèn sa a.

3. **Kolaborasyon don yo**: Fè patenarya ak yon moun nan legliz ou ki gen yon don espirityèl diferan de pa w. Lapriyè oswa sèvi ansanm.

Kesyon Diskisyon

- Ki jan lapriyè kolektif la enfliyanse lavi espirityèl ou?

- Nan ki fason legliz lokal ou ka vin plis vijilan espirityèlman?

- Ki wòl ou nan batay espirityèl kolektif?

Gid Priyè

"Senyè, leve Legliz Ou a tankou yon lame pisan. Ini kè nou nan lanmou, laverite, ak objektif. Fè adorasyon nou tounen yon lagè epi lapriyè nou yo gen anpil fòs. Ekipe lidè ak manm nou yo pou yo kanpe fèm epi avanse ansanm. Fè nou vanyan, plen ak Lespri, epi pare pou batay. Nan non Jezi, Amèn."

Tematik ki abòde yo

- Pouvwa lapriyè ak adorasyon an gwoup

- Inite kòm yon estrateji defansif ak ofansif

- Wòl lidèchip nan ekipe Legliz la

- Kado ak ministè espirityèl nan lagè kolektif

- Bati yon kilti vijilans espirityèl

Chapit 25:
Simonte Fatig Espirityèl

Vèsè kle yo

- *Matye 11:28–30— Vini jwenn mwen, nou tout ki bouke, nou tout ki anba chay, m'a soulaje nou. Pran jouk mwen, mete l' sou zepòl nou. Pran leson nan men mwen. Paske mwen dou, mwen toujou soumèt mwen tout bon devan Bondye. Konsa, n'a viv ak kè poze.*

- *Sòm 23:1–3— Li re restore nanm mwen. Li fè m' mache nan chemin dwat, pou sa sèvi yon lwanj pou non li.*

- *Ezayi 40:29–31—Lè yon moun pèdi souf, li ba li fòs. Lè yon moun febli, li ba l' kouraj ankò! Jenn gason konn pèdi souf, yo konn bouke. Lè konsa, yo bite, yo tonbe. Men, Seyè a ap bay moun ki mete konfyans yo nan li fòs ankò. Tankou malfini, y'ap pran zèl pou yo leve ale. Y'ap kouri san yo p'ap janm bouke. Y'ap mache, yo p'ap janm febli.*

- *Egzòd 33:14— Se mwen menm k'ap mache avè ou. M'ap fè ou jwenn repo.*

Apèsi sou sijè a

Lagè espirityèl ka fatigan, sa ki fè kwayan yo santi yo vid, dekouraje, oswa dekonekte ak Bondye. Fatig espirityèl se yon reyalite natirèl, sitou pandan lit ki dire lontan. Chapit sa a konsantre sou **rekonèt fatig espirityèl, konprann kòz li yo, epi aplike estrateji biblik pratik pou retabli fòs ak renouvèlman.** Lè kwayan yo chèche prezans Bondye entansyonèlman, pratike disiplin espirityèl restoratif, epi nouri nanm yo, yo ka reprann vitalite epi prepare pou batay nan lavni.

Etid apwofondi

1. *Rekonèt fatig espirityèl*

Fatig espirityèl ka parèt kòm yon epuizman emosyonèl, pèt lajwa, yon lavi lapriyè ki redwi, oswa yon sans defèt. Siy yo enkli:

- Santi w akable pa disiplin espirityèl chak jou yo

- Pèdi motivasyon pou lapriyè, adorasyon, oswa ministè

- Doute sou prezans oswa efikasite Bondye

Egzanp: Yon kwayan te priye fidèlman pandan plizyè ane san okenn pwogrè vizib epi li te kòmanse santi l vid e dekouraje espirityèlman.

2. Kòz Rasin Fatig

Idantifye kòz yo ede nan adrese fatig efektivman:

- **Izolasyon:** Fè fas ak batay poukont ou ka diminye fòs ou.

- **Peche ki pa rezoud:** Kilpabilite ak wont peze anpil sou lespri a.

- **Neglije pwan Repo:** Repoz fizik ak espirityèl esansyèl pou renouvèlman.

- **Dekourajman akòz Repons ki Anreta:** Ap tann tan Bondye a ka santi fatigan.

Konsèy Pratik:

- Konfese regilyèman epi repanti pou peche kache yo.

- Bati koneksyon kominote ki bay sipò.

- Bay priyorite a Saba ak pratik restorasyon yo.

3. Egzanp Biblik sou Restorasyon

Bib la montre kijan Bondye restore kwayan ki fatige yo:

- **Eli**: Fatige ak dekouraje, Bondye te renouvle l avèk manje, dlo ak repo (1 Wa 19:1–8).

- ● **David**: Li te eksprime fatig epi li te chèche renouvèlman Bondye nan lapriyè ak adorasyon (Sòm 42:1–5).

- ● **Jezi**: Li te retire kò l pou l priye epi repoze menm nan mitan ministè ak eprèv (Lik 5:16).

Konsèy Pratik: Reflechi sou egzanp sa yo epi ekri nan jounal ou kijan Bondye te retabli w nan difikilte sot pase yo.

4. Estrateji pou renouvèlman

- ● **Depandans chak jou sou Bondye:** Kòmanse chak jou ap chèche gidans ak fòs Sentespri a (Ezayi 40:31).

- ● **Priyè ak Adorasyon:** Rafrechi nanm ou atravè mizik lapriyè ak adorasyon ki konsantre.

- ● **Meditasyon sou Lekriti Sent yo:** Aprann Vèsè ki pote lapè, espwa ak ankourajman pa kè.

- ● **Ankourajman Kominotè:** Pataje difikilte epi resevwa lapriyè ak konsèy nan men kwayan ou fè konfyans.

- ● **Swen Fizik:** Pran swen dòmi, nitrisyon ak egzèsis lejè pou sipòte vitalite espirityèl ak fizik.

Egzanp: Yon dam te etabli yon woutin maten lekti Lekriti Sent yo, adorasyon ak yon ti mache, ki te renouvle lespri ak enèji li.

5. Viv nan Prezans Bondye ki Soutni li

- ● Fè prezans Bondye konfyans pou retabli fòs chak jou.

- ● Rekonèt ke ti moman repo ak refleksyon avè l ranfòse pou batay nan lavni.

- Ezayi 40:31 raple nou ke moun ki tann Senyè a **renouvle fòs yo epi yo vole tankou èg.**

Kesyon Refleksyon

- Ki domèn nan lavi espirityèl ou ki santi yo pi fatige?

- Ki pratik ki ede ou santi ou retabli epi konekte ak Bondye?

- Kijan ou ka entegre repo ak renouvèlman entansyonèl nan lavi chak jou ou?

Egzèsis

1. **Envantè Fatig:** Lis sentòm fatig espirityèl w ap fè eksperyans yo. Idantifye yon etap pratik pou adrese yo semèn sa a.

2. **Plan Repo ak Renouvèlman:** Fè yon «Jou Saba» oswa yon mini-retrèt nan trant jou kap vini yo ki gen ladan lekti Lekriti Sent yo, adorasyon, repo, ak silans.

3. **Jounal Renouvèlman:** Chak jou pandan yon semèn, ekri fason Bondye te rafrechi lespri ou oswa reponn priyè ou, menm nan ti fason.

Kesyon Diskisyon

- Kijan ou rekonèt fatig espirityèl nan tèt ou oswa nan lòt moun?

- Kijan repo ak restorasyon ka itilize stratejikman nan lagè espirityèl?

- Ki moun ou ka kontakte pou responsablite ak ankourajman lè ou fatig

Gid Priyè

Priyè pou Rafrechisman ak Renouvèlman Espirityèl: "Senyè, mwen konfese fatig mwen epi mwen mande fòs renouvèlman ou. Retabli nanm mwen, reviv lespri mwen, epi gide m nan prezans ou. Ede m pran tan entansyonèl pou m repoze nan ou, fè m konfyans ke menm ti moman refleksyon ak lapriyè renouvle m pou travay ou. Amèn."

Tematik ki abòde yo

- Rekonèt fatig espirityèl

- Kòz fondamantal fatig

- Egzanp biblik sou restorasyon

- Estrateji pou renouvèlman

- Viv nan prezans soutni Bondye

Chapit 26:
Viktwa nan Kris la—Viv tankou moun ki ranpòte viktwa a

Vèsè kle yo

- *1 Jan 5 :4-5-« Paske, depi se pitit Bondye ou ye, ou kapab genyen batay la sou lemonn. Men ki jan nou fè gengen batay la sou lemonn, se paske nou gen konfyans nan Bondye. Ki moun ki ka genyen batay la sou lemonn? Se sèlman moun ki kwè Jezi se pitit Bondye a. »*

- *Women 8 :37-« Men, sou tout bagay sa yo, nou genyen batay la nèt ale, gremesi moun ki renmen nou an "*

Apèsi sou sijè a

Viktwa final la nan lagè espirityèl la jwenn li nan Jezikri. Kwayan yo pa sèlman rele pou siviv batay yo; nou rele pou nou pwospere kòm moun ki ranpòte laviktwa, ki reprezante otorite, libète ak pouvwa Kris la ban nou. Idantite nou kòm moun ki ranpòte laviktwa byen anrasinen nan travay Kris la te fini sou kwa a. Viktwa a se pa yon aspirasyon byen lwen. Se yon reyalite prezan ke nou ka fè eksperyans chak jou.

Pandan n ap aprann mache nan verite sa a, n ap ekipe tèt nou pou nou simonte atak espirityèl yo epi, an retou, n ap bay lòt moun pouvwa pou yo fè menm jan an tou. Chapit sa a mete aksan sou enpòtans pou nou aksepte idantite nou nan Kris la, pou nou toujou viv nan viktwa, epi pou nou ankouraje aktivman frè ak sè nou yo pou yo rete fèm nan lafwa yo. Lè nou rekonèt kiyès nou ye nan Li, nou ka navige defi lavi yo avèk konfyans ak fòs, paske nou konnen nou plis pase konkeran grasa Sila a ki renmen nou an.

Etid apwofondi

1. Konprann idantite nou kòm moun ki ranpòte laviktwa

Antanke kwayan ki fèt yon lòt fwa ankò, pozisyon nou an sekirite nan Kris la. Nou pa esklav peche, laperèz, oswa manti lènmi an ankò.

Verite kle yo

- Nou se pitit Bondye, nou renmen yo epi nou aksepte yo (Jan 1:12).

- Nou resevwa otorite sou tout pouvwa lènmi an (Lik 10:19).

- Viktwa a pa baze sou fòs nou men sou travay Kris la ki fini.

Egzanp: Yon kwayan ki t ap lite ak kondanasyon te sonje Women 8:1—"Kounye a pa gen okenn kondanasyon pou moun ki nan Kris Jezi"—sa te chanje mantalite li epi ranfòse lafwa li.

2. Viv chak jou nan viktwa

Viktwa se yon chwa chak jou pou rete fèm, reziste kont lènmi an, epi mache nan obeyisans.

Pratik pou kenbe viktwa w

- Lapriyè regilye ak konfyans nan Sentespri a

- Pale Pawòl Bondye a avèk kran kont manti ak laperèz

- Kenbe yon vi sentete ak repantans

Egzanp: Yon nonm k ap fè fas ak tantasyon angaje l nan konfesyon chak jou ak deklarasyon Lekriti Sent yo, sa ki mennen l nan yon libète dirab.

3. Simonte grasa lafwa

Lafwa se kle pou jwenn viktwa

Ebre 11:1-« Lè yon moun di li gen konfyans nan Bondye, sa vle di li sèten li gen pou l' resevwa sa l'ap tann lan. Li gen konviksyon bagay nou pa ka wè ak je nou egziste tout bon vre. »

Konsèy pratik

- Fè pwomès Bondye yo konfyans menm lè sikonstans yo sanble difisil.

- Sonje temwayaj fidèlite Bondye pou w ka gen plis konfyans.

4. Ankouraje lòt moun pou yo rete fèm

Viktwa a pa sèlman pèsonèl; li se yon viktwa kominotè.

Ankourajman

- Pataje temwayaj sou delivrans Bondye a

- Priye avèk epi pou lòt kwayan parèy ou yo

- Konseye nouvo kwayan yo nan chemen lafwa yo

Egzanp: Yon ti gwoup regilyèman pataje pwogrè yo fè nan lapriyè, pou ankouraje youn lòt pou yo pèsevere.

5. Pèspektiv Etènèl la

Viktwa final nou an ap reyalize nèt lè Kris la retounen.

Ankourajman

- Kenbe je w fikse sou rekonpans etènèl la (Revelasyon 21:7).

- Viv avèk espwa ak esperans.

Vèsè kle pou memorize

- 1 Jan 5:4–5

- Women 8:37

- Lik 10:19

- Ebre 11:1

- Èske w aksepte idantite w nèt kòm yon moun ki ranpòte laviktwa nan Kris la?

- Kijan ou ka mache avèk plis konfyans nan viktwa chak jou?

- Nan ki fason ou ka ankouraje lòt moun nan batay yo?

- Kisa sa vle di goumen apati viktwa olye pou goumen pou li?

- Kijan lafwa w detèmine konsantrasyon w nan batay espirityèl oswa pèsonèl?

- Nan ki sans ede lòt moun genyen fè pati vokasyon w kòm yon moun ki ranpòte laviktwa?

Egzèsis

1. **Jounal Viktwa:** Ekri yon temwayaj sou yon lè ou te simonte yon sitiyasyon difisil grasa lafwa. Revizite l pandan moman difisil yo.

2. **Ankourajman Chwazi :** yon moun ki nan yon batay espirityèl. Ekri yon nòt, yon tèks, oswa yon apèl pou ankouraje yo avèk Bib la

3. **. Deklarasyon Lafwa:** Ekri epi fè deklarasyon lafwa chak jou ki afime idantite ou nan Kris la ak pwomès li yo.

Kesyon Diskisyon

- Kisa sa vle di an pratik pou yon moun ki ranpòte laviktwa?

- Kijan lafwa ede ou kenbe yon pèspektiv viktwa?

- Nan ki fason ou ka ede lòt moun mache nan viktwa?

Gid Priyè

Papa, mèsi paske nan Kris la mwen se yon moun ki ranpòte laviktwa. Ede m mache chak jou nan verite sa a epi pou m pa kite sikonstans yo enfliyanse m. Ranfòse lafwa m, renouvle lespri m, epi sèvi avè m pou ankouraje lòt moun. Ban m yon pèspektiv etènèl ki leve m simonte tout batay. Nan non Jezi, Amèn.

Tematik ki abòde yo

- Konprann idantite nou kòm moun ki ranpòte laviktwa

- Viv chak jou nan viktwa

- Ranpòte laviktwa grasa lafwa

- Ankouraje lòt moun pou yo rete fèm

- Pèspektiv p'ap janm fini an

Chapit 27:
Wòl Legliz la nan konba Espirityèl

Vèsè kle yo

- *Efezyen 6:12: —"Se pa ak moun nou gen pou nou goumen. Men, se ak move lespri ki nan syèl la, ak chèf, ak pouvwa, ak otorite k'ap gouvènen nan fènwa ki sou latè a".*

- *Matye 18: 19-20 — "Men sa m'ap di nou ankò: Si de nan nou mete yo dakò sou latè pou mande nenpòt ki bagay lè y'ap lapriyè, Papa m' ki nan syèl la va ba yo li. Paske, chak fwa de ou twa moun mete tèt yo ansanm nan non mwen, m'ap la nan mitan yo."*

Apèsi sou sijè a

Lagè espirityèl se yon aspè enpòtan nan lafwa nou ki depase lit endividyèl yo; se yon efò kolektif ki mete aksan sou wòl Legliz la kòm Kò Kris la. Lè kwayan yo ini nan objektif, lanmou ak lapriyè, yo eksplwate yon sinèji pwisan kont lènmi an. Efikasite batay kolektif sa

a depann de eleman kle tankou akò, disènman ak aktivasyon don espirityèl nan kominote a.

Okontrè, divizyon febli kapasite nou pou nou konfwonte defi yo, alòske inite ka anplifye efikasite ak enpak espirityèl nou. Chapit sa a fouye nan kijan ankouraje inite, angaje nou nan lapriyè ak pratike entèsesyon kolektifman bay kwayan yo pouvwa pou yo konfwonte fènwa pi efikasman, li montre fòs ki jwenn nan inite pandan n ap kanpe fèm nan lafwa.

Lè nou adopte apwòch kolektif sa a nan lagè espirityèl, nou pa sèlman fòtitye Legliz la, men nou kreye tou yon anviwònman ki nouri kwasans, responsablite ak viktwa nan Kris la.

Etid Apwofondi

1. Konprann lagè espirityèl kòporatif la

Souvan, lènmi an vize Legliz la pou deranje objektif Bondye yo. Batay espirityèl ki mennen nan inite yo pi puisan pase sa yo ki mennen pou kont yo.

Egzanp Biblik yo

- Premye Legliz nan Travay Apot yo te toujou ap rasanble nan lapriyè, sa ki te lakòz kouraj ak mirak (Travay Apot yo 4:31).

- Miray Jerizalèm yo te tonbe lè pèp la te priye epi fè jèn ansanm (Neyemi 4:9).

Konsèy pratik

- Chèche inite ak rekonsilyasyon nan legliz lokal ou a.

- Angaje w nan lapriyè ak jèn ansanm pou w jwenn pwogrè espirityèl.

2. Pouvwa Akò a

Jezi pwomèt ke lè kwayan yo dakò nan lapriyè, rezilta pwisan ap vini.

Pwen kle yo

- Akò libere otorite espirityèl.

- Lafwa kolektif ka kraze fòtrès epi pote yon reveye.

Egzanp: Yon ekip lapriyè te toujou dakò nan lapriyè sou yon kominote ki te gen vyolans. Avèk letan, to krim yo te bese, epi lavi yo te transfòme.

3. Entèsesyon kòm yon Zam Antrepriz

Priyè entèsesyon enplike kanpe nan espas vid la pou lòt moun ak pou kominote legliz la.

Kijan pou devlope entèsesyon an gwoup

- Òganize gwoup lapriyè ki konsantre sou lagè espirityèl.

- Sèvi ak lapriyè ki baze sou Bib la pou deklare pwomès Bondye sou vil ou oswa legliz ou.

- Fòme manm yo nan disènman espirityèl pou yo priye efektivman.

4. Don ak Ministè Espirityèl nan Kò Legliz la

Chak kwayan kontribye nan lagè espirityèl atravè don ak ministè yo.

Don kle nan lagè kòporatif

- Pwofesi pou denonse manti epi gide direksyon

- Gerizon pou retabli ak ranfòse kò a

- Ministè delivrans pou libere kaptif yo

Konsèy pratik

- Ankouraje epi sipòte divès ministè nan legliz ou a.

- Sèvi ansanm pou konstwi yon kominote espirityèl solid.

5. Reziste Divizyon ak Ranfòse Inite

Divizyon febli Legliz la epi li louvri pòt bay lènmi an.

Estrateji pou Ankouraje Inite

- Pratike imilite ak padon.

- Konsantre sou objektif ak misyon komen.

- Selebre divèsite nan Kò a.

Egzanp: Yon kongregasyon divize te fè eksperyans plis konfli ak atak espirityèl jiskaske yo te angaje yo nan rekonsilyasyon ak inite, apre sa lapè ak kwasans te swiv.

Vèsè kle pou memorize

- Efezyen 6:12

- Matye 18:19–20

- Travay Apot yo 4:31

- Neyemi 4:9

Kesyon Refleksyon

- Nan ki nivo ou patisipe aktivman nan efò lagè espirityèl legliz ou a?

- Ki wòl ou ka jwe pou ankouraje inite ak lapriyè an gwoup?

● Kijan don ou yo ka sèvi Kò a nan batay sa yo?

● Kijan inite nan lapriyè pote yon puisans espirityèl eksponansyèl?

● Nan ki fason Bondye travay avèk puisans lè Legliz la priye epi aji kòm yon sèl?

- Poukisa dezinyon deranje desten, e kijan ou ka pwoteje kè ou ak relasyon ou yo?

....

....

....

....

....

Egzèsis:

1. **Evalyasyon sou Inite legliz la**: Reflechi sou nenpòt konfli oswa divizyon ki pa rezoud nan legliz ou oswa nan sèk ministè ou. Mande Bondye sajès epi fè yon pa nan direksyon rekonsilyasyon.

2. **Gwoup Entèsesyon**: Antre oswa fòme yon gwoup lapriyè ki angaje nan entèsesyon chak semèn pou legliz ou, vil ou, oswa nasyon ou.

3. **Aktivasyon Don**: Idantifye don espirityèl ou yo ak yon fason ou ka itilize yo nan legliz lokal ou mwa sa a pou ranfòse lòt moun.

Kesyon Diskisyon

- Ki wòl inite jwe nan yon lagè espirityèl efikas?

- Kijan legliz lokal la ka amelyore nan entèsesyon an gwoup?

- Ki kèk fason pou simonte divizyon nan Legliz la?

Gid Priyè

Priyè pou Inite Legliz la ak Aliyman Espirityèl: "Papa, ini Legliz ou a anba drapo Kris la. Anseye nou pou nou goumen ansanm nan lanmou ak verite. Se pou akò a se fòs nou, epi kite Lespri ou gide priyè ak aksyon nou yo. Geri nenpòt divizyon epi ban nou fòs ak kouraj pou nou fè Wayòm ou an avanse ansanm. Nan non Jezi, Amèn."

Tematik ki abòde yo

- Konprann lagè espirityèl kolektif la

- Pouvwa akò a

- Entèsesyon kòm yon zam kolektif

- Don espirityèl ak ministè nan Kò Legliz la

- Reziste kont divizyon ak ranfòse inite.

Chapit 28:
Pèseverans ak espwa nan mitan konba espirityèl

Vèsè kle yo

- *Jak 1:12—"Benediksyon pou moun ki sipòte eprèv li ak pasyans. Lè la fin pase anba eprèv yo, la resevwa pou rekonpans lavi Bondye te pwomèt tout moun ki renmen li yo."*

- *Women 12:12—"Pandan n'ap tann lan, fè kè n' kontan. Se pou nou gen anpil pasyans nan mitan soufrans nou yo. Pa janm sispann lapriyè. "*

- *Ebre 10:36—"Men, nou bezwen pasyans pou nou ka fè sa Bondye vle, pou nou ka resevwa sa l' te pwomèt la. "*

Apèsi sou sijè a

Lagè espirityèl se vrèman yon vwayaj difisil ak long, li raple nou ke li souvan mande anpil andirans ak pèzèvans. Menm jan ak yon maraton, nou dwe angaje nou pou lontan, toujou chèche fòs ak espwa nan mitan eprèv ak dezapwentman. Li esansyèl pou nou, kòm sòlda Kris la, rete fèm ak fidèl, mete konfyans nou nan pwomès Bondye fè nou.

Chapitre sa a mete aksan sou enpòtans pou n nouriti pèzèvans ak espwa ki baze sou Pawòl Li. Lè nou kenbe pwomès sa yo, nou ka devlope rezistans espirityèl, ki pèmèt nou fè fas ak difikilte avèk konfyans. Finalman, nou ka asire nan viktwa ki vini atravè Kris la, konnen ke batay nou yo pa initil.

Nan limyè sa a, nou ka ankouraje youn lòt pou rete konsantre sou liy final la, sonje tèt nou pi gwo rekonpans ki tann moun ki kenbe lafwa yo fas ak advèsite. Ann kontinye devlope andirans nou, nouri espwa nou, epi mete konfyans nou nan pwomès Bondye ki p'ap janm chanje pandan nou ap travèse batay ki devan nou.

Etid Apwofondi

1. Nesesite Pou Pèsevere

Batay espirityèl yo ka dire jou, mwa, oswa menm ane. Pèseverans vle di kontinye kanpe fèm malgre difikilte yo.

Egzanp biblik

- Pasyans Job atravè soufrans imans (Job 1–2).

- Plizyè fwa Pòl te fè prizon ak difikilte (2 Korentyen 11:23–28).

Konsèy Pratik

- Rekonèt ke pèseverans rafine lafwa ak karaktè.

- Selebre ti viktwa pou rete motive.

2. Espwa fè viv

Espwa soutni kwayan yo lè yo konsantre sou pwomès BonDye yo olye de sikonstans ki prezan.

Ebre 6:19—" Espwa sa a, se tankou yon lank batiman li ye pou nou. L'ap kenbe nanm nou fè m', byen solid. Lank sa nou genyen an, li chouke jouk lòt bò rido tanp ki nan syèl la."

Konsèy Pratik

- Medite regilyèman sou pwomès Bondye pou delivrans.

- Sèvi ak adorasyon ak lwanj pou leve lespri ou pandan moman difisil yo.

3. Fidelite nan Lapriyè

Lapriyè ki konsistan enpòtan anpil pou pèseverans nan batay espirityèl.

Konsèy pou Kenbe Lavi Lapriyè

- Fikse lè regilye pou lapriyè—menm ti moman kout ki souvan.

- Sèvi ak Ekriti kòm baz pou lapriyè yo.

- Antre nan gwoup oswa patnè lapriyè pou ankourajman youn lòt.

4. Depase Dekourajman ak Fatig

Dekourajman ka yon taktik lènmi pou fè kretyen abandone.

Estrateji

- Rete konekte ak kominote a pou jwenn sipò.

- Pran repo espirityèl ak fizik lè sa nesesè.

- Sonje viktwa pase yo ak fidelite Bondye.

Egzanp: Yon fanm te santi l depase pa atak espirityèl jiskaske yon mentor ankouraje l pran repo epi sonje liberasyon Bondye te fè nan lavi li.

5. Gade Nan Rekonpans Etenèl

Konprann ke batay nou ap fè kounye a yo se tanporè ede kwayan yo pèsévè.

2 Korentyen 4:17–18—"Sa m'ap sibi koulye a, se yon ti soufrans ki la pou pase. Men, soufrans sa a ap pare pou mwen yon bèl pouvwa k'ap la pou tout tan, pouvwa ki depase ti soufrans sa a anpil. 18 Paske, mwen p'ap konsidere bagay moun wè, men bagay moun pa wè. Sa moun wè, se bagay ki pa la pou lontan, men sa moun pa wè, se bagay ki la pou tout tan"

Ankourajman

- Fikse je ou sou pri etènèl la.

- Viv ak espwa ak ap tann retou Kris la.

Vèsè Memwa Kle

- Jak 1:12

- Women 12:12

- Ebre 6:19

- 2 Korentyen 4:17–18

Kesyon Refleksyon

- Kijan ou reponn lè batay espirityèl yo santi yo long oswa difisil?
  Ki etap pratik ou ka pran pou devlope pèzèvans ak espwa jodi a?

- Kijan ou ka ankouraje lòt moun ki bouke nan batay la?
  Dekourajman natirèl men li pa final—Bondye bay lagras pou chak
  jou.

● Kijan andirans bati yon etap nan yon moman atravè abitid espirityèl ak espwa?

● Nan ki fason yon pèspektiv etènèl chanje fason nou abòde batay jodi a?

Egzèsis

1. **Gade Espwa**: Ekri senk pwomès Bondye ki bay ou espwa. Mete yo nan yon kote ou kapab wè yo pandan semèn nan.

2. **Plan Konsistans Lapriyè**: Chwazi yon lè espesifik chak jou pou lapriyè pou dire ak fòs. Swiv konsistans ou pandan sèt jou.

3. **Jounal sou Perspektiv Etenèl**: Reflechi sou kijan batay espirityèl ou ap fè fas a li kounye a ka parèt diferan nan etènite a. Kisa ou ta di tèt ou 10 ane apresa sou batay jodi a?

Kesyon Diskisyon

- Kisa ki ede ou pèsevere nan sezon difisil yo?

- Kijan Legliz la ka ankouraje fidelite alontèm?

- Ki wòl rekonpans etènèl la jwe nan desizyon chak jou?

Gid Priyè

"Senyè, fè m gen fòs pou m kontinye lè mwen santi mwen fèb. Kite espwa leve nan kè mwen e fè fidèlite make chemen mwen. Anseye m pou m pèsevere nan lapriyè e mache ak andirans, toujou gade sou jwa ki devan mwen. Ede m viv ak letènite an tèt mwen epi pa lage. Nan non Jezi, Amèn."

Tematik ki abòde yo

- Nesesite pèseverans

- Espwa kòm yon ankr

- Fidèlite nan lapriyè

- Venk le dezèspwa ak bouke

- Gade sou rekonpans etènèl la

Chapit 29:
Viktwa Kris la ak Pozisyon nou nan Li

Vèsè kle yo

- *Kolosyen 2:15—"Se kon sa Bondye dezame tout otorite ak pouvwa espirityèl yo. Li avili yo an piblik devan je tout moun tankou prizonye."*

- *1 Korentyen 15:57—"Men, nou di Bondye mèsi, ki ba nou laviktwa pa mwayen Jezikris, Senyè nou an.."*

Apèsi sou sijè a

Fondasyon viktwa chak kwayan nan lagè espirityèl la se travay Jezikri te fini sou kwa a. Lagè espirityèl la fini nan viktwa paske Kris deja ranpòte laviktwa sou tout obstak. Fòs nou an chita sou lefèt ke nou konprann epi nou aliyen ak verite sa Kris la te akonpli grasa sakrifis li a. Chapit sa a fouye nan enpòtans viktwa Kris la sou peche, lanmò ak fòs demonyak yo, li mete aksan sou kijan rekonèt idantite ak pozisyon nou nan Li ekipe nou pou nou angaje nou avèk otorite ak konfyans.

Etid apwofondi

1. Viktwa Kris la sou Lènmi an

Lanmò ak rezirèksyon Jezi a te defèt desizif sou Satan ak tout fòs espirityèl ki te opoze ak Wayòm Bondye a.

- **Kolosyen 2:15** revele ke Jezi te dezame chèf yo ak otorite yo.

- Kwa a pa sèlman yon senbòl sakrifis men yon deklarasyon viktwa.

Egzanp: Rezirèksyon an te transfòme dezespwa disip yo an yon pwoklamasyon fonse Levanjil la, li te venk laperèz ak lanmò.

2. Pozisyon nou "Nan Kris la"

Kwayan yo ini ak Kris la nan viktwa li.

- *Women 6:6-7 pale de krisifye avèk Kris la pou pouvwa peche a kase.*

- *Efezyen 2:6 deklare ke kwayan yo chita avèk Kris la nan syèl la.*

Konsèy pratik

- Mache chak jou sonje otorite ou kòm yon moun ki chita avèk Kris la.

- Rete fèm nan verite ke peche ak lènmi an te bat pou ou.

3. Mache nan otorite ak konfyans

Konnen viktwa Kris la ta dwe mennen nan kouraj nan batay espirityèl yo.

- Sèvi ak non Jezi avèk konfyans (Filipyen 2:9-11).

- Deklare Lekriti Sent yo avèk kouraj kòm otorite ou (Lik 10:19).

Egzanp: Premye kwayan yo te fè fas ak pèsekisyon avèk kouraj paske yo te konprann viktwa yo te garanti nan Kris la.

4. Viv ak Viktwa, Pa Viktim

Li esansyèl pou rejte yon mantalite defèt epi aksepte idantite kòm yon moun ki ranpòte laviktwa.

- *1 Jan 5:4–5—"Tout moun ki fèt nan Bondye ranpòte laviktwa sou lemonn."*

- Viktwa pa vle di pa janm fè fas ak eprèv men se pou genyen grasa Kris.

Egzèsis pratik

- Ekri Vèsè kle nan Bib la sou viktwa epi medite sou yo chak jou.

- Ranplase panse negatif oswa ki fè pè ak verite sou pozisyon ou nan Kris.

5. Glwa nan lavni ak Defèt final sou mal la

Pandan ke viktwa deja ranpòte, kwayan yo ap tann retou final Kris la lè mal la pral konplètman elimine.

- **Revelasyon 20:10** dekri defèt final Satan an.

- Espwa sa a ranfòse kwayan yo pou yo pèsevere.

Vèsè kle pou memorize

- Kolosyen 2:15

- 1 Korentyen 15:57

- Women 6:6–7

- Efezyen 2:6

Kesyon refleksyon

- Ki jan konpreyansyon viktwa Kris la afekte konfyans ou nan lagè espirityèl la?

....

....

....

....

- Èske w ap viv chak jou nan yon plas viktwa oswa viktim?

- Kijan ou ka ankouraje lòt moun pou yo aksepte idantite yo "nan Kris la"?

- Kijan lefèt ke ou konnen Jezi deja genyen tout batay afekte fason ou fè fas ak defi yo?

• Nan ki sans otorite ou soti nan pozisyon ou nan Kris la olye de pwòp fòs ou?

• Kijan mache chak jou ou ka reflete konfyans ki soti nan travay Kris la ki fini?

Egzèsis

1. **Deklarasyon sou Viktwa idantite mwen:** Ekri twa deklarasyon sou otorite ak idantite w nan Kris la. Di yo chak jou.

2. **Eksplorasyon nan Bib la:** Etidye Kolosyen 2:13-15 epi fè yon lis chak aksyon Kris te fè pou ou. Medite sou yo.

3. **Tcheke pozisyon viktwa ou nan batay la:** Ekri nan jounal ou kote ou te viv ak yon mantalite defèt. Ranplase li ak verite ki soti nan Lekriti yo.

Kesyon Diskisyon

- Ki sa sa vle di pou w "chita avèk Kris"?

- Kijan nou ka pase de yon mantalite viktim pou rive nan viktwa?

- Kijan viktwa final Kris la ta dwe enfliyanse fason nou angaje nou nan lagè espirityèl jodi a?

Gid Priyè

"Jezi, mèsi paske ou te defèt lènmi an epi ou te libere m. Ede m viv avèk kouraj nan viktwa kwa a. Retire tout mantalite viktim nan lavi m epi ranpli m ak kouraj, lafwa, ak pèspektiv selès. Kite m mache nan otorite w, konnen ou te triyonfe pou tout tan. Nan non w mwen priye, Amèn."

Tematik ki abòde yo

- Viktwa Kris la sou lènmi an

- Pozisyon nou "nan Kris la"

- Mache avèk otorite ak konfyans

- Viv avèk viktwa, pa viktim

- Glwa nan lavni ak defèt final sou mal la

Chapit 30:
Ekipe pwochen jenerasyon an pou lagè espirityèl

Vèsè kle yo

- *2 Timote 2:2—"Sa ou te tande m' di ou devan anpil temwen, se pou ou renmèt yo bay lòt moun serye ou konnen ki ka moutre lòt moun yo tou."*

- *Detewonòm 6:6–7—" kòmandman m'ap ban nou jòdi a. N'a moutre yo bay pitit nou yo. N'a repete yo nan zòrèy yo, kit nou chita lakay nou, kit n'ap mache sou granchemen."*

Apèsi sou sijè a

Lagè espirityèl la depase vwayaj endividyèl nou yo; nou dwe pran responsablite pou nou fè disip ak konseye lòt moun, sitou pwochen jenerasyon an, pou ede yo rete fèm nan Senyè a epi respekte verite a. Transmèt konesans, zouti ak pratik espirityèl ki nesesè pou yon lagè espirityèl efikas epi esansyèl pou sante ak kwasans Legliz la. Lè nou konsantre sou konseye, anseye ak bay jèn kwayan yo pouvwa, nou ka kiltive yon eritaj lafwa, kouraj ak viktwa ki dire lontan. Chapit sa a mete aksan sou enpòtans transfè jenerasyonèl, bati fondasyon lafwa ki solid depi nan kòmansman, devlope yon kilti de kouraj, epi kreye yon anviwònman ki soutni moun pou yo rete fò nan lafwa.

Etid apwofondi

1. Enpòtans yon mentò ak fason pou fè disip

Pi bon fason pou aprann konpetans konba espirityèl la se nan kominote, atravè egzanp, ansèyman, ak pratik.

- Konsèy Pòl te bay Timote mete aksan sou valè fòmasyon ki byen planifye.

- Konsèy yo bay sajès, ankourajman, ak responsablite.

Aplikasyon Pratik

- Chèche konsèy ki mache ak matirite espirityèl.

- Si ou gen matirite, envesti nan jèn kwayan yo avèk pasyans ak lanmou.

2. Anseye Fondasyon Biblik yo depi nan kòmansman

Anrasinen jèn kwayan yo nan Lekriti Sent yo ak reyalite espirityèl yo pou anpeche twonpri.

- Anseye Zam Bondye yo (Efezyen 6) chak jou kòm yon pratik.

- Ankouraje konesans sou pwomès Bondye yo ak pouvwa lapriyè.

Egzanp: Jèn lidè yo dwe entegre memorizasyon Lekriti Sent yo ak egzèsis lapriyè nan reyinyon chak semèn yo, pou devlope konfyans ak sansiblite espirityèl lakay jèn yo.

3. Ankouraje Odas ak Lafwa

Pwochen jenerasyon an dwe aprann kanpe fèm epi goumen avèk konfyans.

- Pataje anpil temwayaj viktwa pou w ka enspire kouraj ak konfyans.

- Kreye espas ki an sekirite pou jèn yo ka fè yon avanse nan lafwa ak don espirityèl.

Konsèy pratik

- Ankouraje jèn yo pou yo priye byen fò, angaje yo nan entèseksyon, epi devlope pratik pou yo ka fè bon jijman.

4. Aprann fè fas ak defi tan jodi a

Jèn kwayan jodi a fè fas ak defi inik tankou distraksyon dijital, lide ki fè kwè pa gen yon sèl verite espirityèl ak presyon kiltirèl.

- Anseye sou kòman yo ka fè bon jijman sou medya ak enfliyans kanmarad yo.

- Ekipe yo chak jou ak bon zouti pratik pou konba espirityèl la.

Egzanp: Yon mentor dwe ede jèn adilt yo aprann fikse limit yo nan itilizasyon rezo sosyal yo, epi itilize aplikasyon lapriyè yo pou yo rete konekte ak Bondye.

5. Bati yon Kilti kote moun ap soutni youn lòt epi pran Responsabilite yo

Sipò kominotè a ak sipò kanmarad yo enpòtan anpil pou kenbe sante espirityèl.

- Ankouraje ti gwoup, ekip lapriyè, ak responsabilite ki gen pou wè ak patenarya.

- Ankouraje konfesyon ak lapriyè yonn pou lòt.

Modèl Bib la: Eklezyas 4:9–12 mete aksan sou fòs ki jwenn nan bon jan zanmitay.

Vèsè kle pou memorize

- 2 Timote 2:2

- Detewonòm 6:6–7

- Efezyen 6:10–18

- Eklezyas 4:9–12

- Èske w aktivman gide yon lòt moun oswa yon lòt moun ap gide w?

- Kijan ou ka kontribye pou ekipe lòt moun pou lagè espirityèl?

- Ki etap ou ka pran pou ankouraje lafwa ak kouraj nan pwochen jenerasyon an?

- Kisa ou ka fè pou pase sa BonDye te anseye w ak lòt moun?

- Poukisa disip la alafwa entansyonèl epi relasyonèl?

- Nan ki fason yon kominote bezwen leve kwayan ki gen matirite espirityèl?

Egzèsis

1. Kat Mantora

- Bay lis twa moun nan lavi ou ki te konseye w oswa enfliyanse mach espirityèl ou.

- Idantifye yon moun ou ta ka konseye oswa ankouraje nan batay espirityèl la.

- Ekri yon etap pratik ou ka pran semèn sa a pou konekte ak moun sa a.

2. Memorizasyon Zam Bondye yo

- Aprann Efezyen 6:10-18 pa kè pandan semèn kap vini an.

- Chak jou, konsantre w sou yonn nan zam yo, reflechi sou siyifikasyon li ak kijan li ka aplike nan lavi ou.

3. Evalyasyon sou itilizasyon Medya ak Distraksyon

- Kenbe yon jounal pandan twa jou pou swiv konsomasyon medya ou swiv yo (medya sosyal, televizyon, mizik).

- Idantifye nenpòt kontni ki ka febli konsantrasyon espirityèl ou.

- Kreye yon plan pèsonèl pou ranplase tan sa a ak lapriyè, Lekriti Sent yo, oswa adorasyon.

4. Pratik pou Egzèse Odas

- Jwenn yon zanmi oswa yon gwoup ou fè konfyans epi pratike priye a vwa fò, pataje yon temwayaj, oswa fè yon deklarasyon sou Lekriti Sent yo.

- Reflechi sou kijan ou te santi w lè w te fè yon pa nan lafwa ak sa ou te aprann.

5. Ankouraje Kilti: Reflechi sou kijan legliz ou oswa anviwònman familyal ou ka pi byen sipòte kwasans espirityèl pou pwochen jenerasyon an.

Kesyon Diskisyon:

1. Poukisa mantora enpòtan nan konba espirityèl? Ki jan li ka gen enpak sou ni mantora a ni moun k ap resevwa mantora a?

2. Ki kèk defi jèn kwayan yo rankontre jodi a nan batay espirityèl yo?

3. Ki jan nou ka kreye anviwònman ki an sekirite pou jèn yo ak nouvo kwayan yo pratike lafwa yo avèk kouraj?

4. Nan ki fason nou ka ankouraje youn lòt pou nou rete vijilan epi fò nan lapriyè ak nan pawòl BonDye a?

5. Ki jan memorizasyon pawòl BonDye a ba ou pouvwa nan konba espirityèl?

Gid Priyè

- **Pou Konseye ak Lidè yo:**
  "Senyè, leve konseye ak lidè espirityèl ki pral gide jenerasyon kap vini an fidèlman nan verite ak konviksyon. Ba yo sajès, pasyans, ak lanmou."

- **Pou Jenerasyon Kap vini an:**
  "Papa, ranfòse jèn kwayan yo ak Lespri ou. Ede yo konnen idantite yo nan Kris la, pou yo kanpe fèm kont lènmi an, epi mache ak konviksyon epi ak lafwa."

- **Pou Pwoteksyon ak Disènman:**
  "Jezi, pwoteje kè ak lespri jèn yo. Ede yo distenge verite a ak manti epi evite distraksyon ki febli mach yo avèk ou."

- **Pou jwenn kouraj pou avanse nan lafwa:**
  "Sentespri, ranpli nou ak kouraj pou nou priye byen fò, pataje temwayaj nou yo, epi itilize don ou te ban nou yo pou glwa ou."

- **Pou Inite ak Responsabilite:**
  "Bondye, bati yon kominote solid kote kwayan yo ka ankouraje, sipòte, epi ede youn lòt responsab nan lanmou."

- "Papa, mèsi paske ou konfye m apèl pou m fè lòt moun disip. Ban mwen sajès, pasyans, ak lanmou pou m gide moun ki bò kote m yo nan verite a ak yon libète ki pi pwofon. Ede m pou m montre kouraj ak lafwa epi pou m leve lidè ki pral miltipliye wayòm Ou an. Nan non Jezi nou priye W, Amèn."

Sijè ki Kouvri yo

- Enpòtans yon mentò ak fason pou fè disip

- Anseye Fondasyon Biblik yo depi nan kòmansman

- Ankouraje Odas ak Lafwa

- Aprann fè fas ak defi tan jodi a

- Bati yon Kilti kote moun ap soutni youn lòt epi pran Responsabilite yo

Temwayaj mwen

Lavi m t ap mache byen. Mwen te rankontre mari m, epi nou te vi n marye. Sepandan, apre nesans katriyèm pitit nou an, mwen te tonbe malad. Okòmansman, mwen te panse se te yon bagay nòmal—yon bagay ki rive konsa konsa—men byen fon nan kè m, mwen te santi se pa t sa. Sou aparans fizik mwen, tout bagay te sanble parèt nòmal, men san m pa konnen, mwen te antre nan yon konba espirityèl ke mwen pa t prepare pou li.

Pandan prèske 8 ane, mwen te rive ap soufri. Mwen pa t ka travay, epi mwen te viv nan gwo doulè—fizikman, emosyonèlman, epi espirityèlman. Men, menm nan moman ki te pi difisil yo, Senyè a te pran swen mwen ak fanmi mwen. Lè mwen te reyalize ke se pa t sèlman yon pwoblèm sante men yon kanba espirityèl, mwen te kòmanse chèche BonBye ak plis konviksyon.

Mwen grandi nan yon fanmi kretyen, manman m te toujou konn mennen mwen menm ak frè ak sè m yo legliz, pa sèlman dimanch men nan divès sèvis, sitou sèvis jèn kite konn genyen. Defen papa m te konn fè nou fè devosyon chak aswè. Mwen te kwè mwen t ap sèvi Bondye ak tout kè m, men pita mwen te rekonèt ke te gen pòt ouvè nan lavi m kote lènmi an te ka antre. Moun ki pa t okouran de pwoblèm mwen yo te panse kem te egoyis e menm mechan pa rapò ak anbisyon epi janm te konpòte.

Kèk mwa aprè sitiyasyon m lan, Senyè a te pouse m pou m kòmanse yon liy lapriyè. Pandan m t ap pwoche pi pre BonDye, m t ap priye plis, m t ap li Labib mwen plis, epi m t ap fè jèn regilyèman, lavi m te kòmanse chanje. Yon jou, yon zanmi te rele m pou l fè m konnen yon pwogram doktora li te panse m te ka benefisye de li. Malgre pwoblèm sante m yo, mwen te santi m oblije pouswiv li. Mwen te pran yon prè epi m te enskri nan li. Li pat fasil pou mwen.

Anvan m te kòmanse pwogram doktora a, mwen te fè de operasyon—youn nan jenou m ak youn nan zepòl mwen. Operasyon zepòl la te koz kem te gen gro doulè nan men m, ke yo te vin dekouvri pidevan kòm tinèl karpyen. Espesyalis men an te vi n rekòmande m operasyon, mwen te refize. Yo te di m tou kem dwe fè operasyon nan dotou, sa mwen te refize l osi. Sa te koz lè poum te swiv kou pwogram doktora sou entènèt, mwen te gen difikilte pou m chita lontan epi pou m fini devwa yo tou. Preske tout tan yo, mwen te travay kouche sou do m ak òdinatè m sou yon zòrye.

Retounen lekòl te vin tounen yon pwojè familyal, epi li te vrèman difisil. Te gen anpil jou mwen te kriye epi mwen te vle abandone. Men, Bondye te antoure m ak moun ki te mache nan menm chemen avè m epi ak konbatan lapriyè fidèl ki te ankouraje m pou m kontinye.

Nan dat kite 15 jen 2023, mwen te vizite doktè do mwen an kite nan lopital Inivèsite Miami ak mari m, li te vi n di m, «Pa gen anyen lòt nou ka fè. Ou jis bezwen aprann viv ak doulè a.» Jou sa a, mwen te reyalize ke se pa t sèlman yon konba nan domèn medikal; men se te yon batay diven.

Jou sa a menm, mwen te deside, ke m ap retounen travay. Malgre m te toujou ap soufri, mwen te fè yon rèv kote mwen te konprann BonDye t ap di m: "Retounen travay, epi m ap geri w." Mwen te kenbe pwomès sa a epi mache nan obeyisans vwa Li.

Out se te mwa **restorasyon ak restitisyon**, se konsa mwen te kòmanse aplike pou m ka travay kòm pwofesè. Pwiske mwen pa t nan klas la pandan plizyè ane, mwen te aksepte yon travay ranplasan pou teste fòs mwen. Doulè a te tèlman fò, mwen te panse li t ap kraze m. Mwen te kriye san rete, men mwen te kontinye.

Nan twazyèm jou ranplasman an, yon zanmi te rele epi li di, "Mwen fè yon rèv sou ou. M wèw t ap ranmase zèb."

Mwen te konprann touswit: Se te sezon rekòt. Mwen te kanpe pa ale nan lekòl kote m t ap jwe wòl ranplasan an epi m tap tann Bondye.

Yon ti tan apre, yon lòt zanmi te mande yon sè legliz la pou mwen kote l t ap dil pou mwen ke yon travay ap gen pou vini pou mwen. Samdi apre a, mwen te resevwa yon imèl nan men yon lekòl ki te enfòme m ke yo te anplwaye m. Mwen te aksepte pozisyon an paske BonDye te pale, e antanke pitit Bondye, se tout sa ou bezwen.

Premye ane a te difisil. Konnen lènmi an te vle detwi m, mwen te rete fèm nan lapriyè. Lènmi an te eseye tout taktik pou fè m pèdi tout bagay, men BonDye fidèl mwen an, Sila a ki pa janm febli a, te sove m.

Chak jou, mwen te kriye pandan m wout pou m al travay epi lè m sot travay. Lè m retounen lakay mwen, mwen pa t menm ka rive nan chanm mwen; mwen te oblije kouche sou kanape a pito. Mwen te konte sou medikaman ki bay fòs pou m te ka pase jounen an. Men, BonDye te pran swen m. Lekòl la te plase yon asistan pwofesyonèl pou ede m, epi jantiyès mwen te enspire l pou l pataje kijan mwen te trete l avèk konpasyon. Pandan l t ap gaye nouvèl la, plis moun te vin ede m. Jantiyès fè anpil bagay!

Nan mwa Out 2024, mwen te fyè dèske mwen te pran doktora mwen nan Inivèsite St. Thomas. Tankou jan Jozèf te di nan Jenèz 50:20 *"Nou te moute konplo pou fè m' mal. Men Bondye fè sa tounen yon byen, pou l' te fè sak rive jòdi a rive, pou l' te ka sove lavi tout kantite moun sa yo."*

Bondye transfòme doulè m yo, difikilte m yo, ak difikilte m yo an byen.

Pou m fini, mwen vle kite nou ak dènye ankourajman sa a: Lavi pa toujou fasil. Ou pral fè fas ak anpil difikilte. Ou pral rankontre moun ki ka pa renmen w san rezon epi lòt moun ki ka eseye fè w mal.

Men sonje: Ou se pitit Bondye. Rete konsantre. Ou pa janm twò jèn pou sèvi Bondye, ni twò an sekirite kont atak lènmi an. Se poutèt sa ou dwe toujou prepare w espirityèlman.

Li Bib ou. Priye chak jou. Rete angaje nan wout ou avèk Kris la.

Batay la reyèl, **konba espirityèl la reyèl anpil**, men **viktwa ki nan Jezikri a reyèl epi plis pwisan. Pa fè konpwomi.** Sèvi Bondye ak tout kè ou.

Mwen garanti ou, gras ak Pawòl BonDye a ak eksperyans pèsonèl ou, wap kapab rive viv yon **vi, ki chaje ak viktwa nan Kris la.**

—Dr. R. Bonhomme

Konklizyon:
Mache annavan nan viktwa a

Pandan w rive nan fen liv sa, sonje ke konba espirityèl la pa yon sezon ou vizite oswa ki vizite w; li se yon reyalite nan lavi kretyen an. Puike nou gen batay la deja nan Kris la, menm lè pafwa konba espirityèl ta vle manifeste entansyon pou fè nou pè, mete konfizyon, oswa fè nou fè defèt, li pa ka geneyen nou sou oken pretèks. Paske nou gen batay la nèt ale nan Kris la.

Nan tout chapit sa yo, ou te aprann ke batay la reyèl, lènmi an limite, epi otorite ou nan Kris la solid. Nou te eksplore pouvwa Pawòl BonDye a, fòs lapriyè ak jèn ; kouvèti espirityèl adorasyon ; pwoteksyon ke zam BonDye yo bay ak enpòtans ki gen nan viv an kominote. Yo pa jis ide ki vag, men se zouti pratik ki fèt pou itilize chak jou nan mach ou avèk BonDye.

Konba espirityèl la pa vle di fè plis efò, men se pito rete pi fèm. Ou pa goumen pou genyen viktwa; ou goumen pou proteje viktwa ke Kris ba w lè li te ranpòte l sou kwa a. Antanke pitit gason oswa pitit fi BonDye, ou gen pou misyon pou viv avèk pridans, anrasinen nan pawòl BonDye a ki sèvi kòm sentiron jistis, epi manifeste pouvwa Sentespri a ki nan ou a.

Ke liv egzèsis sa a sèvi non pa kòm yon fen, men kòm yon kòmansman; yon gid kap kapab pèmèt yon pi gwo entimite ant ou menm avèk BonDye, reveye konsyans espirityèl, epi ankouraje yon stil de vi ki make pa libète, kouraj ak pèseverans. Lè defi leve, retounen sou verite sa yo ki ladanl yo. Lè batay la vin pi gran, sonje kiyès ou ye e pou ki moun ou ye.

Avanse pi devan avèk konfyans, ekipe w chak jou, epi rete san febli, konnen ke **"Men nan mitan tout pwoblèm sa yo, nou gen laviktwa total poutèt Bondye ki montre renmen li genyen pou nou."** (Women 8:37).

Yon lapriyè dedikasyon ki bay viktwa

Papa nou ki nan syèl la,

Mwen remèsye w pou verite, sajès ak revelasyon ou te vide nan lavi m pandan pakou sa. Mèsi paske ou louvri je m, non sèlman sou reyalite konba espirityèl, men sitou sousa ki pi enpòtan pou mwen toujou ki se viktwa mwen genyen nan Jezikri.

Mwen rekonèt ke san Ou, mwen pa ka fè anyen, men nan Kris la mwen kapab fè tout bagay, mwen vin pi fò, mwen ekipe, epi mwen an sekirite. Mwen chwazi rete fèm nan otorite Ou ban mwen an. Mwen renonse ak laperèz, konfizyon, ak defèt, epi mwen resevwa plis bon konpwann, lapè, ak yon lafwa solid.

Senyè, ede m chak jou pou m mete tout zam BonDye yo sou mwen, pou m rete anrasinen nan Pawòl Ou a, epi pou m mache nan obeyisans ak disènman. Anseye m rekonèt taktik lènmi an, pou m pa panike, men poum kapab venk li ak lapriyè, adorasyon epi verite.

Ranpli mwen ak frechè Sentespri a. Pwoteje lespri mwen, kè mwen, kay mwen, ak objektif mwen yo. Edem pou lavi m ka reflete glwa Ou, lanmou Ou, ak puisans Ou. Mwen vle mache nan libète Ou banm nan Kris la epi ede lòt moun jwenn libète sa atravè Ou.

I declare that I am more than a conqueror through Christ Jesus. I walk in victory—not by my strength, but by Your grace. In Jesus' mighty name, Amen.

Mwen deklare ke mwen plis ke yon konkeran gras ak otorite Kris la ki nan mwen. M ap mache de viktwa an viktwa—non pa ak fòs mwen, men se ak gras ou epi otorite Kris la. Se nan non Jezi ki tou puisan an ke mwen fè priyè sa, Amèn !

Ou delege kòm anbasadè ki byen ekipe pou fè volonte BonDye

Pandan w ap tèmine ak liv egzèsis sa, konnen ke yo pa voye w san preparasyon oswa poukont ou. Yo misyone w kòm yon **pitit gason oswa yon pitit fi Bondye**, ki byen ekipe epi abiye ak jistis Li, puisans Li epi verite Li a atravè Lespri Sen an.

Yo voye w pou:

- kanpe fèm nan lafwa epi pou w kapab reziste kont lènmi an

- mache chak jou nan obeyisans, imilite, ak kouraj

- pote lapè BonDye a kote ki gen dezòd

- pale verite a kote ki gen mansonj ak twonpri

- kanpe nan lapriyè avèk kouraj pou tèt ou, fanmi ou, ak kominote ou

Avanse avèk konviksyon—pa chèche viktwa, layite kò w nan viktwa ke Kris la te menen deja pou ou a. Batay la se pou Senyè a li ye, lap mache devan pou ou.

"Se pou nou fò nan lavi n'ap mennen ansanm ak Seyè a ak nan gwo pouvwa li a.» (Efèz 6:10)

Mache an tout libète.
Rete fèm nan verite pawòl BonDye a.
Avanse nan viktwa ki deja asire pou ou a.

Ou delege epi misyone **pou Kris epi pou glwa li.**

Bibliyografi

Lòt liv esansyèl ke nou ankouraje w konsilte

Resous sa yo enfòme epi ranfòse fondman biblik, teyolojik ak pratik liv egzèsis sa. Se vre ke liv sa a ekri pou sèvi kòm resous pou ministè ak fòmasyon olye ke yon tèks akademik, travay sa yo reflete vwa kretyen ou ka fè konfyans ki gen ansèyman sou idantite espirityèl, otorite, delivrans, Sentespri a ak wòl Legliz la ki asosye ak prensip yo prezante nan tout liv egzèsis. Lektè ki ta vle etidye epi rantre pi profon, nou ankouraje yo pou yo eksplore resous sa yo tou.

- **Anderson, N. T. (2000). *The bondage breaker.* Harvest House Publishers.**
  Liv sa son resous esansyèl ki sèvi kòm gid pou ministè, ki pale sou idantite nan Kris la, libète kont tout gwo fòs espirityèl, epi fasilite moun mache nan verite a.

- **Evans, T. (2011). *Victory in spiritual warfare.* Harvest House Publishers**.
  Liv sa pèmèt ou analize lagè espirityèl atravè yon pèspektiv ki santre sou Wayòm nan, li mete aksan sou otorite Kris la ak wòl kwayan yo nan pwogrè Wayòm Bondye a.

- **Fee, G. D. (1994). *God's empowering presence: The Holy Spirit in the letters of Paul.* Hendrickson Publishers.**
  Liv sa bay pwofondè teyolojik sou travay ak prezans Sentespri a nan lavi kwayan yo.

- **Prince, D. (1998). *Spiritual warfare.* Chosen Books.**
  Ouvraj sa trè klasik pou minister, li abòde delivrans, lapriyè, ak otorite kwayan yo genyen nan Kris la.

- **Wagner, C. P. (1996). *Confronting the powers: How the New Testament church experienced the power of strategic-level spiritual warfare.* Regal Books.**
  Dokiman sa egzamine lapriyè kolektif, entèseksyon, ak wòl Legliz la nan kad konfli espirityèl.